DUDEN

SPRACHEN OHNE WORTE

KOMMUNIKATION AUF ANDEREN WEGEN

DUDENVERLAG

BERLIN

INHALTSVERZEICHNIS

DER KÖRPER SPRICHT MIT – KOMMUNIZIEREN MIT GESTEN

NOTATIONSSYSTEME FÜR SPEZIELLE FÄLLE

Mithilfe der Schrift ist es möglich, Gesprochenes zu dokumentieren, Gedanken zu notieren und Wissen, Regeln und Werte zu überliefern. Doch oft gerät das von uns verwendete System an grafischen Zeichen an seine Grenzen: Denn wie kann man Töne verschriftlichen (S.6)? Wie notiert man Bewegungen (S.10)? Und auf welche Notationsform greift man zurück, wenn man Schwarzschrift nicht sehen kann (S. 14)? Selbst bei der Notation von Sprachen existieren verschiedene Systeme, die sich nicht ohne Weiteres auf eine andere Sprache übertragen lassen. Umso reizvoller ist die Idee einer universal verständlichen Schrift (S. 22).

In der digitalen Welt haben sich dagegen Notationsformen durchgesetzt, die nicht dokumentieren, sondern die mündliche Kommunikation ersetzen (S. 18). Wie die Sprache selbst sind also, je nach Einsatzgebiet, auch Notationssysteme einem ständigen Wandel unterworfen.

MUSIKNOTATIONEN: SO VIELSEITIG WIE DIE MUSIK

Der Begriff »Notation« wird häufig als Synonym für »Notenschrift« verwendet, mit der Töne sowie die dazugehörigen Parameter wie Dauer, Höhe oder Länge notiert werden. Generell unterscheidet man drei verschiedene Systeme: Phonische Notationen greifen auf Silben, Buchstaben oder Ziffern zurück, grafische Notationen basieren auf verschiedenen Zeichen, während Tabulatur-Notationen häufig Griffbilder für bestimmte Instrumente wie Orgel, Laute oder Gitarre zeigen.

Erste Versuche, Töne schriftlich zu fixieren, gab es bereits um 3000 v. Chr. in Ägypten. Vermutlich im 6. Jh. entstand dann die **GRIECHISCHE NOTATION,** die als erste voll entwickelte Notenschrift gilt. Auch in China, Indien oder Japan entstanden im Altertum verschiedene Notationsformen. Da man Melodien jedoch im Wesentlichen mündlich überlieferte, dienten die Notenschriften – mit Ausnahme der griechischen Notation – lediglich als Erinnerungshilfen. Ein Musikstück damit vollständig zu erfassen, war nicht möglich. Mit dem Untergang des Römischen Reichs geriet die griechische Notation in Vergessenheit.

Griechische Buchstaben, die teilweise gedreht oder mit kleinen Strichen versehen wurden, bildeten die Grundzeichen der griechischen Notation. Die abgebildete Zeile zeigt die Töne der diatonischen Tonleiter der Vokalnotation. Daneben existierte auch eine Instrumentalnotation.

Die **Neumen** wurden an verschiedenen Orten weiterentwickelt, daher gab es kein einheitliches System. Zu den wichtigsten Typen gehörten die St. Gallener. Aus den Neumen gingen die Quadratnoten der Choralnotation hervor.

Im 9. Jh. entwickelten sich die **NEUMEN,** mit denen die einstimmigen Choräle der römischen Kirche aufgezeichnet wurden. Diese bestanden aus Strichen und Punkten, die man zunächst über den Texten notierte. Später schrieb man sie in ein Liniensystem, sodass sich die Tonhöhe genauer darstellen ließ. Allerdings eigneten sich die Neumen nicht dazu, mehrstimmige Kompositionen festzuhalten, weshalb im 12. Jh. neue Notationsformen aufkamen. So ließen sich mit der Mensuralnotation auch der Verlauf der Tonhöhe und das rhythmische Verhältnis der Stimmen zueinander darstellen. Im Laufe der Jahrhunderte kamen Notenschlüssel, Taktstriche und andere Zeichen hinzu, bis sich daraus die heute gängige Standardnotation entwickelte.

Mit dem Aufkommen der neuen Musik im 20. Jh. gelangte die Standardnotation allerdings an ihre Grenzen. Denn die neuen Klangvorstellungen ließen sich mit den bis dahin gängigen Mitteln nicht darstellen. Bis heute entstehen deshalb immer wieder neue Zeichensysteme, die die Notenschrift ergänzen oder ganz ersetzen. So lassen grafische Partituren dem Musizierenden mehr Spielraum – die Notationen dienen eher als Anregung, die die Kreativität der Musizierenden einbezieht. Die meisten dieser Notationen sind jedoch sehr individuell, sodass sie ausführliche Erläuterungen des Komponisten oder der Komponistin benötigen.

Neumen	Neumen (St. Gallen)	Choralnotation (römisch)
Punctum		
Virga		
Pes oder Podatus		
Clivis oder Flexa		
Climacus		
Scandicus		
Torculus		
Porrectus		
Oriscus		
Pressus		
Salicus		
Strophicus		
Quilisma		
Cephalicus		
Epiphonus		

MENSURALNOTATION UND TABULATUREN

Mit dem Aufkommen der Mehrstimmigkeit wurden neue Notationsformen benötigt. Im 13. Jh. entstand die Mensuralnotation, bei der die Mensur die relative Dauer der einzelnen Noten innerhalb eines Stückes regelte. In der Renaissance entwickelten sich verschiedene Formen der Tabulaturen für mehrstimmige Instrumente.

MENSURALNOTATION

LAUTENTABULATUR

Die Lautentabulaturen zeigten das Griffbrett und die zu greifenden Bünde. Von der Mensuralnotation abgeleitete Zeichen gaben häufig die Tonlänge an. Die wichtigsten Formen waren die französische und die italienische.

AUSSCHNITT AUS EINER
ITALIENISCHEN LAUTENTABULATUR

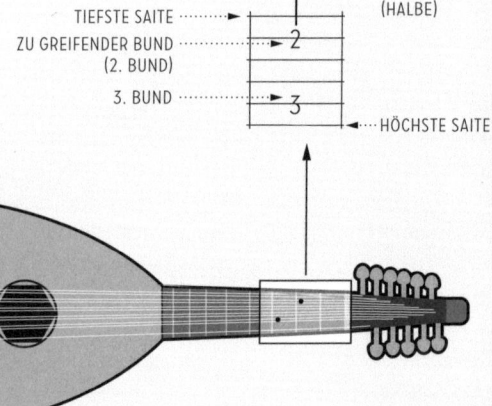

TIEFSTE SAITE ········▶
ZU GREIFENDER BUND ·········▶ 2
(2. BUND)
3. BUND ·········▶ 3

·········· TONLÄNGE
(HALBE)

◀···· HÖCHSTE SAITE

NOTENWERTE

MENSURALNOTATION

Longa	Brevis	Semibrevis	Minima	Semiminima	Fusa	Semifusa

HEUTIGE INTERPRETATION

4 Ganze	Doppelte Ganze	Ganze	Halbe	Viertel	Achtel	Sechzehntel

ÜBERSETZUNG IN MODERNE NOTENSCHRIFT

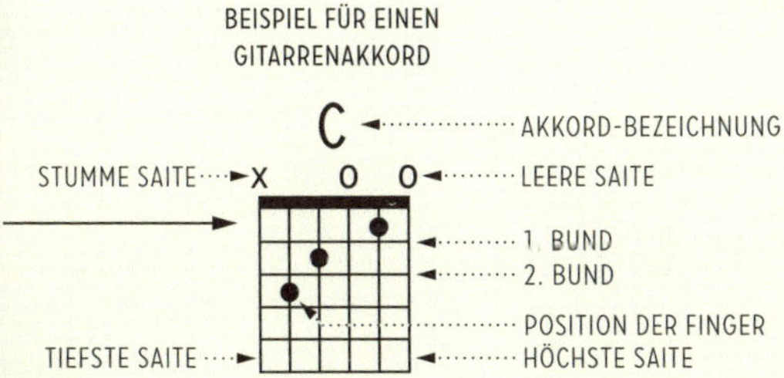

BEISPIEL FÜR EINEN GITARRENAKKORD

C ←·········· AKKORD-BEZEICHNUNG

STUMME SAITE ····►X   O   O ◄·········· LEERE SAITE

←·········· 1. BUND
←·········· 2. BUND

←·········· POSITION DER FINGER

TIEFSTE SAITE ····►   ◄·········· HÖCHSTE SAITE

GITARRENTABULATUR

Die moderne Gitarrentabulatur entwickelte sich aus der Lautentabulatur. Sie bildet ebenfalls das Griffbrett und die zu greifenden Saiten ab. Die tiefe E-Saite ist immer links abgebildet.

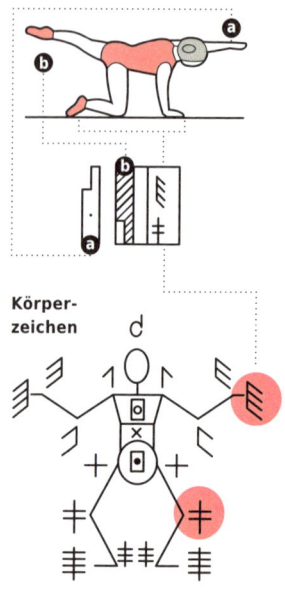

Körperzeichen

Labanotation
Die Labanotation verwendet eine Vielzahl von Symbolen und Zeichen, mit denen die unterschiedlichsten Bewegungsfolgen dargestellt werden können. Wegen ihrer Komplexität ist sie jedoch schwer anzuwenden.

TANZNOTATIONEN: BEWEGUNG AUF PAPIER GEBANNT

Wörter lassen sich mit Buchstaben festhalten, Töne werden in Form von Noten dokumentiert. Doch um Bewegungen schriftlich zu fixieren, hat sich bislang keine allgemeingültige Methode durchgesetzt. Vielmehr sind die unterschiedlichsten Notationssysteme in Gebrauch. Die Schwierigkeit liegt vor allem darin, die verschiedenen Dimensionen des Tanzes abzubilden: Nicht nur die Bewegungen der einzelnen Körperteile müssen festgehalten werden, sondern auch die Bewegungen im Raum sowie die Zeitabfolge. Zudem müssen bei einer Paar- oder Gruppenchoreografie die Bewegungsfolgen mehrerer Tanzenden gleichzeitig dargestellt werden.

Trotzdem sind **TANZNOTATIONEN** wichtige Hilfsmittel: So dienen sie als Erinnerungshilfe bei der Erarbeitung einer neuen Choreografie, zur Dokumentation für eine spätere Wiederaufnahme oder zur genauen Analyse von Bewegungsabfolgen.

Die Geschichte der Tanznotationen reicht ins 15. Jh. zurück. Bis dahin wurden Volkstänze, aus denen sich alle anderen Tanzformen entwickelten, von Tänzer zu Tänzer überliefert. Für eine schriftliche Dokumentation sah man keine Notwendigkeit. Das änderte sich, als an den Adelshöfen Gesellschaftstänze in Mode kamen, aus denen sich wiederum das klassische Ballett entwickelte. Anders als beim spontanen, improvisierten Volkstanz rückten hier das korrekte Ausführen von Bewegungen und spezielle

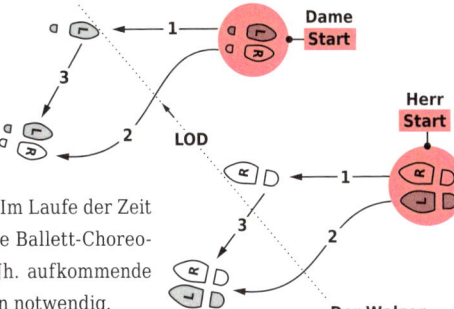

Schritt für Schritt
Pfeile markieren die Schrittrichtung und die Tanzrichtung (LOD = Line of Dance). Die Zahlen geben die Reihenfolge vor.

Tanztechniken in den Vordergrund. Im Laufe der Zeit machten immer komplexer werdende Ballett-Choreografien und schließlich der im 20. Jh. aufkommende Moderne Tanz neue Notationsformen notwendig.

Zu den bis heute verwendeten Methoden gehören das Aufzeichnen von Bodenplänen und **BODENWEGEN,** um die Abfolge von Tanzschritten im Raum darzustellen. Weiterhin werden Strichfiguren und abstrakte oder mathematische Zeichensysteme eingesetzt. Zu den am häufigsten verwendeten gegenwärtigen Notationsformen zählen die Labanotation und die Choreologie (Benesh Movement Notation). Andere Notationsformen haben sich auf die Dokumentation bestimmter traditioneller Tänze spezialisiert, um diese für die Zukunft festzuhalten. In vielen Bereichen werden die Schriften mittlerweile durch Videoaufzeichnungen ergänzt oder ganz ersetzt. Allerdings zeigen diese bereits eine Interpretation der Tanzenden – vergleichbar mit der Tonaufnahme eines Musikstücks. Zudem bilden die Aufnahmen die Bewegungen nicht dreidimensional ab. Wählt man mit der Kamera die Totale, zeigt also das gesamte Bühnengeschehen, gehen Details verloren. Bei Detailaufnahmen wiederum fehlt die Gesamtstruktur. Neue technische Verfahren, wie das »motion capturing«, bei dem Bewegungssensoren die Bewegungen eines Menschen digital erfassen, könnten dieses Problem teilweise lösen.

Häufig werden **Fußabdrücke** verwendet, um die genaue Abfolge der Tanzschritte vorzugeben.

CHOREOLOGIE
(BENESH MOVEMENT NOTATION)

Die Choreologie baut auf dem 5-Notenliniensystem auf. Um eine
Bewegung darzustellen, werden die Körperstellungen aneinander-
gereiht und mit Bewegungslinien verbunden. Die Positionen
werden von hinten notiert, damit sie nicht spiegelverkehrt sind.

DARSTELLUNG DER TANZENDEN

In der Regel stellt ein ausgefüllter Kreis
eine Tänzerin und ein nicht ausgefüllter
Kreis einen Tänzer dar.

● *Tänzerin* ○ *Tänzer*

KÖRPERDARSTELLUNG

Die 5 Linien werden zur Darstellung des
Körpers verwendet. Die oberste Linie
markiert den Scheitel, die unterste Linie
zeigt die Bodenlinie, auf der die Füße platziert sind,
wenn sie das Körpergewicht tragen.

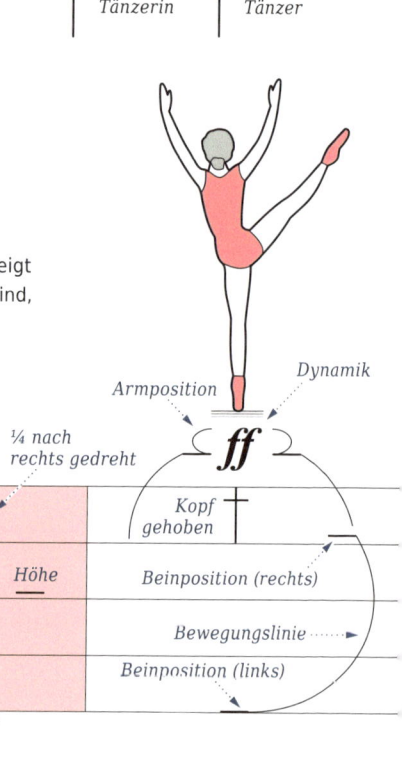

Dynamik

Armposition

KOPFLINIE .... *nach vorne* | *¼ nach
rechts gedreht*

SCHULTERLINIE .... *Kopf* ├─ *Kopf
gehoben* ┼

TAILLE .... *Höhe* *Beinposition (rechts)*

Bewegungslinie ......▶

KNIELINIE .... *Beinposition (links)*

BODENLINIE .... *nach hinten* ●

Richtung

12

RICHTUNGEN UND DREHUNGEN

Zeichen unter dem Liniensystem geben die Ausrichtung
der Körperfront vor. Drehungen des Körpers sind durch
eine gebogene Linie gekennzeichnet.

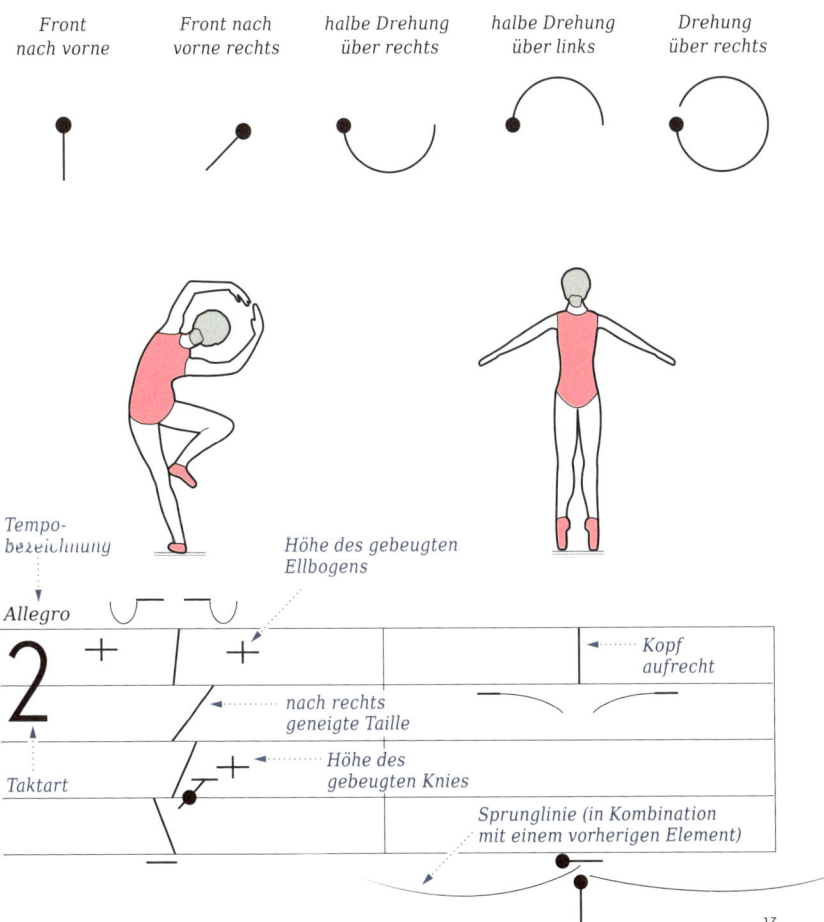

| Front nach vorne | Front nach vorne rechts | halbe Drehung über rechts | halbe Drehung über links | Drehung über rechts |

Tempo-bezeichnung

Höhe des gebeugten Ellbogens

Allegro

Kopf aufrecht

nach rechts geneigte Taille

Höhe des gebeugten Knies

Taktart

Sprunglinie (in Kombination mit einem vorherigen Element)

13

WIE BRAILLE DIE SCHRIFT ERTASTBAR MACHTE

Im Jahr 1825 machte der 16 Jahre alte Louis Braille eine bahnbrechende Erfindung: Auf der Grundlage von sechs tastbaren Punkten entwickelte der als Kind Erblindete eine relativ leicht zu erlernende Schrift, die man mit den Fingerspitzen ertasten konnte. Damit eröffnete er unzähligen blinden Menschen den Zugang zu Wissen und Bildung, der ihnen bis dahin weitestgehend verwehrt geblieben war. Allerdings gab es bereits vorher verschiedene Versuche, eine ertastbare Blindenschrift zu entwickeln. So prägte oder punktierte man bereits im 18. Jh. Buchstaben ins Papier. Doch die meisten dieser **RELIEF-SCHRIFTEN** wurden von Sehenden entwickelt und orientierten sich an der lateinischen Schrift. Deshalb erwiesen sie sich als kaum praktikabel, auch wenn sie gut durchdacht waren. So waren manche Buchstaben nur schwer voneinander zu unterscheiden, das Abtasten dauert lange und das Lesen war daher mühselig. Zudem konnten Blinde sie nicht selbst schreiben.

Bei der **Stachelschrift** von 1809 werden die einzelnen Buchstaben des lateinischen Alphabets punktiert und mit kleinen Nadeln in Papier gestanzt. Um sie zu lesen, musste man den ganzen Buchstaben abtasten.

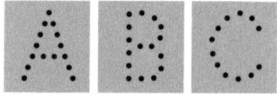

In der **Moonschrift** von 1845 sind die Buchstaben durch geometrische Figuren dargestellt, deren Form an die lateinischen Buchstaben erinnert. Damit ist sie für Menschen leichter erlernbar, die als Erwachsene erblinden und die Schwarzschrift kennen. Sie wird bis heute verwendet.

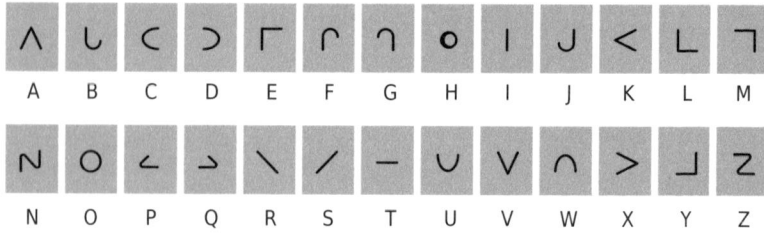

Die **Nachtschrift** bestand aus 12 in zwei Spalten gestanzten Punkten, mit denen ein aus Buchstaben und Silben bestehender Zeichensatz abgebildet wurde.

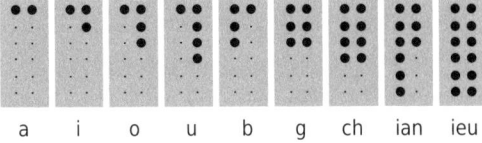

a   i   o   u   b   g   ch   ian   ieu

Zu den ersten **PUNKTSCHRIFTEN** gehörte die auf 12 Punkten basierende Nachtschrift von Charles Barbier de la Serre. Ursprünglich sollte sie den Austausch von geheimen Kriegsnachrichten ermöglichen, ohne dass man im Dunkeln ein Licht anzünden musste. Doch das Abtasten der langen Reihen erwies sich als zu umständlich und die Schrift kam nie zum Einsatz. Barbier stellte sie deshalb im Pariser Blindeninstitut vor, an dem auch Braille unterrichtet wurde. Dieser griff die Idee auf und reduzierte die Punktezahl auf sechs, sodass sich die Zeichen mit den Fingerspitzen direkt erfassen ließen. Die von ihm in den folgenden Jahren entwickelte Schrift breitete sich rasch aus. Die erste Schreibmaschine für Brailleschrift kam um 1900 auf. Ab dem 20. Jh. gab es Schreibmaschinen mit Braille-Tasten, die Schwarzschrift für Sehende aufs Papier brachten. Dank Brailles Erfindung konnten Blinde sich schriftlich austauschen, studieren und am Berufsleben teilnehmen. Heute wird die Schrift von rund 40 Millionen Menschen weltweit verwendet. Da sie aber viel Platz braucht, wurde für längere Texte eine Braille-Kurzschrift entwickelt. Trotzdem umfasst bspw. die Bibel immer noch rund 47 Bände. Zudem ist sie für Menschen, die erst spät erblinden, nur schwer erlernbar. Bis heute gibt es daher immer wieder Versuche, sie zu verbessern oder zu ersetzen – bislang ohne Erfolg.

Die 2006 entwickelte **Fakoo-Schrift** bildet mithilfe von 9 Punkten die Schwarzschrift nach. Deshalb kann sie von Sehenden und Blinden gelesen werden. Sie lässt sich gut von Menschen erlernen, deren Sehkraft langsam nachlässt, da sie zunächst noch mit den Augen aufgenommen und später dann ertastet werden kann.

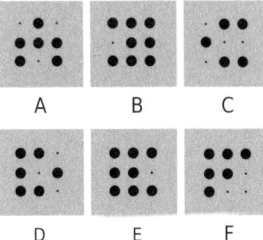

A   B   C

D   E   F

BRAILLE-SCHRIFT

Die Braille-Schrift ist die am weitesten verbreitete Blindenschrift. Sie besteht aus zwei Spalten mit jeweils drei ertast-
baren Punkten, die insgesamt 63 verschiedene Kombinationen
ermöglichen. Da die Anzahl der Zeichen begrenzt ist, wird
zum Beispiel auf Großschreibung verzichtet. Diese kann aber
durch spezielle Hilfszeichen dargestellt werden.

1 ● · 4
2 · · 5
3 · · 6

BRAILLES GRUNDPUNKTE
MIT NUMMERIERUNG

DAS BRAILLE-ALPHABET

a b c d e f g h i

j k l m n o p q r

s t u v w x y z

BRAILLE-NOTENSCHRIFT

1828 entwickelte Braille eine auf
seinem Sechs-Punkte-System
basierende Notenschrift.

GEBEN TONSTUFE DER NOTE AN
(C, D, E, F, G, A UND H)

GEBEN TONLÄNGE AN

G   A
ACHTELNOTE   VIERTELNOTE

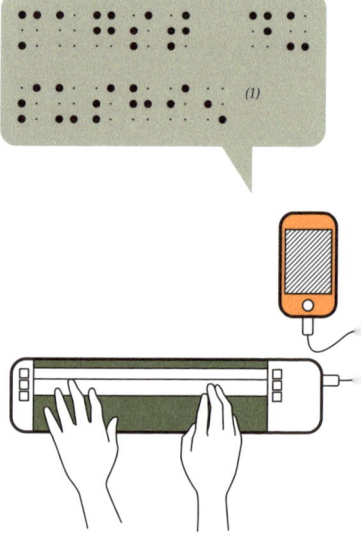

BRAILLE-ZEILE ODER -DISPLAY

Die Braille-Zeile ist ein Ausgabegerät für den Computer oder das Smartphone, das mithilfe einer Screenreader-Software den Bildschirm-Text in Brailleschrift darstellt. So können Blinde eigenständig am Computer arbeiten.

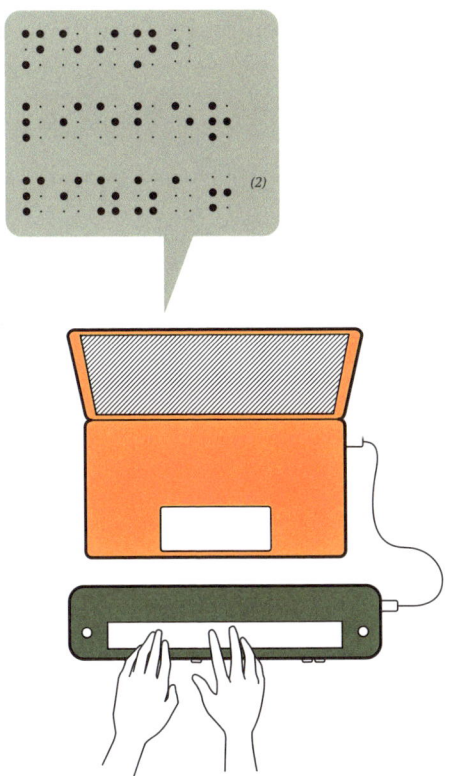

(2)

MATHE-BRAILLE

Mit der Mathematikschrift können auch Zahlen und mathematische Zeichen, Formeln und Symbole dargestellt werden.

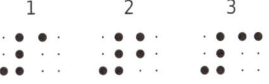 ZAHLEN WIRD DIESES ANKÜNDIGUNGSZEICHEN VORANGESTELLT.

1	2	3

MIT DIESEM ZEICHEN WERDEN GEOMETRISCHE SYMBOLE EINGELEITET.

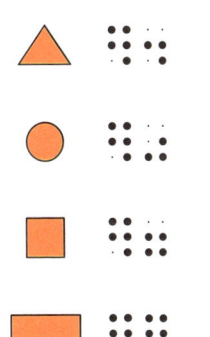

jayR234: hey there
DanaCookie: hello
The rich: oh good
DanaCookie: wth
jayR234: 😊
DanaCookie: gn8
The rich: kay

ENTER MESSAGE ▶

Der **Chat** ist in der digitalen Welt eine alltägliche Kommunikationsform. Der Begriff leitet sich vom englischen »to chat« ab und bedeutet so viel wie plaudern, sich unterhalten. Das Senden von Textnachrichten in Echtzeit ist fast so alt wie das Internet selbst. Bereits Ende der 1980er-Jahre ging der IRC (der Internet Relay Chat) an den Start, mit dem Textnachrichten von Rechner zu Rechner gesendet werden konnten.

SPIELEND KOMMUNIZIEREN: GAMERSPRACHE

In der Welt der Online-Videospiele hat sich in nur wenigen Jahren eine ganz eigene Gamekultur entwickelt, zu der auch eine eigene Sprache gehört. Diese zeichnet sich u. a. dadurch aus, dass sie eine effiziente Kommunikation mit möglichst wenig Aufwand ermöglicht. Schließlich darf der **CHAT** mit anderen Gamern nicht zu sehr vom Spielverlauf ablenken. Trotzdem ist die Kommunikation vor allem in onlinebasierten Multi-Player-Spielen unerlässlich. Dazu gehören so erfolgreiche Spiele wie Fortnite oder World of Warcraft, die von mehreren Tausend Spielern gleichzeitig gespielt werden können. Um weiterzukommen, müssen die Gamer sich hier immer wieder zu Gruppen zusammenfinden, in denen sie verschiedene Aufgaben lösen oder gegen einen gemeinsamen Gegner vorgehen. Im Chat werden dann spielinterne Informationen, Abläufe und Strategien besprochen.

Je nachdem, mit wem man im Spiel kommunizieren möchte, gibt es in einigen Spielen verschiedene Chats. So sind Gruppenchats nur für die Spielerinnen und Spieler einer Gruppe lesbar, während ein anderer Chat die Kommunikation mit allen Spielenden ermöglicht, die sich in einem bestimmten Radius der virtuellen Welt aufhalten. So kann Kommunikation mitunter auf mehreren Ebenen parallel erfolgen.

Regelkonformes Schreiben wird in diesen Chats in der Regel zugunsten von Schnelligkeit aufgegeben.

SMURFEN

»schlumpfen«; mithilfe eines zweiten Accounts werden unerkannt Neulinge im Spiel besiegt

STUNNEN

jemanden im Spiel betäuben, für kurze Zeit kampfunfähig machen

Zudem besteht die hier zum Einsatz kommende Gamersprache vor allem aus Abkürzungen und Kurzwörtern, um die Kommunikation zu vereinfachen und zu beschleunigen.

Eine weitere Besonderheit ist der häufige Gebrauch von **ANGLIZISMEN,** die aber meist wie deutsche Verben konjugiert werden: So gibt es smurfende Player, es wird gezergt oder geflamet – OMG! Für Nichteingeweihte – in der Gamerwelt auch n00bs oder noobs genannt – ist die Gamersprache daher kaum verständlich.

Neben einem allgemeinen Vokabular, zu dem Abkürzungen wie BRB (be right back = bin gleich zurück) oder RE (I return = ich bin zurück) gehören, hat jedes Videospiel immer auch seine eigenen sprachlichen Eigenheiten. Diese sind vergleichbar mit einem Dialekt, den man sich im Laufe des Spiels erarbeitet. Erst wer diesen beherrscht, gehört richtig dazu.

Allgemein ist die in Chats verwendete Sprache zwar formal schriftlich, sie kommt der mündlichen Kommunikation aber sehr nahe. Die Ausdrucksweise ist umgangssprachlich, der Austausch erfolgt beinahe synchron, da die Nachricht nur minimal zeitversetzt den Adressaten erreicht – fast wie in einem persönlichen Gespräch. Bei den Gamern kommt noch die Notwendigkeit des schnellen, zielgerichteten Austauschs hinzu. So wandelt sich die elektronische Plauderei zur Gamerfachsprache mit eigener Terminologie.

FLAMEN

beschimpfen, beleidigen

ZERGEN

das Überrennen von chancenlosen Mitspielerinnen oder Mitspielern

GAMEKULTUR UND GAMERSPRACHE

Die Gamekultur ist schon lange keine Nischenwelt mehr. Viele im Chat verwendete Abkürzungen sind daher längst nicht mehr nur für wenige Eingeweihte verständlich. So gehören Abkürzungen wie OMG oder lol (laughing out loud) zum alltäglichen Netzjargon. Andere Abkürzungen aus dem Gamer-Chat sind dagegen nicht so leicht zu entziffern.

LEGENDE ⌄

NEGATIV
l2p

NEUTRAL
brb

POSITIV
wp

GAMERABKÜRZUNGEN

2l8
too late (zu spät)

wp
well played (Gut gespielt!)

n00b
newb Bezeichnung für Neuling

2f4u
too fast for you (zu schnell für dich)

OMG
Oh my god! (Oh, mein Gott!)

RUND JEDER 2.

IN DEUTSCHLAND SPIELT REGELMÄßIG VIDEOSPIELE.

∅ 36,4 JAHRE

DURCHSCHNITTSALTER DER SPIELENDEN IN DEUTSCHLAND

KNAPP DIE HÄLFTE SIND FRAUEN.

cu

see you (Man sieht sich! / Bis später!)

afk

away from keyboard (nicht am Platz)

Anmerkung, um sich kurz abzumelden

rtfm

Read the fucking manual! (Lies die verdammte Anleitung!)

l2p

Learn to play! (Lern spielen!)

Unfreundliche Reaktion auf Anfänger- fehler

gz

Congratulations! (Glückwunsch!)

Abkürzung für gratz/ congrats/ gratulations

tl;dr

too long, didn't read (zu lang zum Lesen)

ftw

for the win (für den Sieg)

Ausdruck von Überraschung oder Freude

w00t!

PASIGRAFIE: EINE SCHRIFT FÜR ALLE?

Hangul-Schrift
Die koreanische Schrift Hangul oder Hangeul ist einfach zu lernen. Zwei bis drei Symbole bilden eine Zeichengruppe, die jeweils eine Silbe darstellt. Insgesamt gibt es 10 Vokale und 14 Konsonanten.

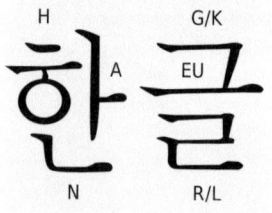

Hangul liest man von rechts nach links, die einzelnen Symbole einer Silbe von oben nach unten.

In den Kulturen rund um den Globus haben sich viele unterschiedliche Zeichensysteme entwickelt, um Sprache festzuhalten. Aktuell zählt die Weltgemeinschaft über 100 verschiedene Schriften. In den **ALPHABETSCHRIFTEN,** wie der lateinischen, griechischen oder kyrillischen, repräsentieren die Buchstaben jeweils einzelne Laute, aus denen sich die Wörter bilden. Konsonantenschriften, wie die arabische oder hebräische, stellen nur Konsonanten dar. Diese Schriften wurden für Sprachen entwickelt, in denen die Bedeutung der Wörter auch ohne Vokale verständlich ist. Fr d dtsch Sprch st ds km mchbr. In den Silbenschriften, zu denen die japanischen Schriften Hiragana und Katakana gehören, stehen die Zeichen, Syllabogramme genannt, für jeweils größere Lauteinheiten. Chinesische Schriftzeichen und andere logografische Schriften folgen demgegenüber einem grundsätzlich anderen Prinzip: Die grafischen Zeichen repräsentieren keine Laute, sondern die Bedeutung einer Silbe.

Während Zahlen nahezu überall auf der Welt mit dem indisch-arabischen Zahlensystem dargestellt werden, haben sich die unterschiedlichen Notationssysteme für Sprache weltweit erhalten, da die Schriften fest mit der kulturellen Identität eines Volkes verwoben sind.

Dabei gab es durchaus Bemühungen, eine universale Schrift zu schaffen: Schon im 17. Jh. arbeitete

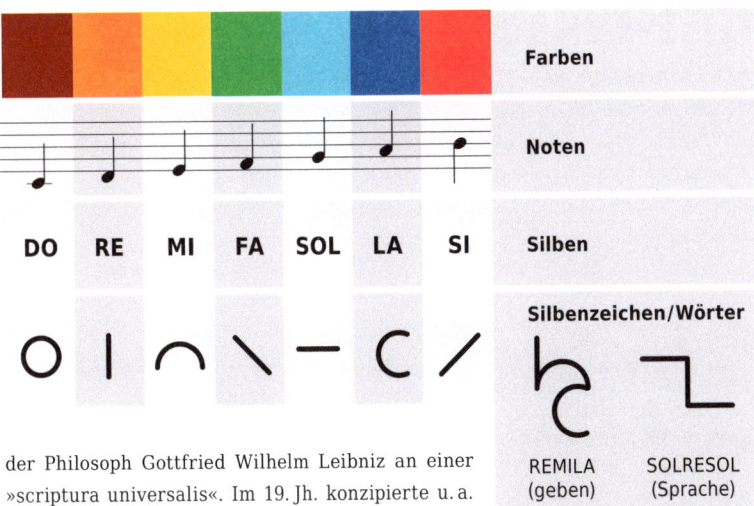

							Farben
DO	RE	MI	FA	SOL	LA	SI	Noten
							Silben

Silbenzeichen/Wörter

REMILA
(geben)

SOLRESOL
(Sprache)

der Philosoph Gottfried Wilhelm Leibniz an einer »scriptura universalis«. Im 19. Jh. konzipierte u. a. der Franzose Francois Sudre eine solche Pasigrafie. Seine **SOLRESOL-SPRACHE** basiert auf den Tonsilben do, re, mi, fa, so, la, si und kann gesungen und gesprochen werden. Der Safo (= Sinnschrift) wiederum dienten chinesische Zeichen als Grundlage. Im 20. Jh. entwickelte Charles K. Bliss schließlich die Bliss-Schrift. Doch keine dieser künstlich konstruierten Schriften konnte sich als Universalschrift bei einer nennenswerten Leserschaft durchsetzen.

Zu Beginn des Internetzeitalters schien es dann, als würde mit der englischen Sprache auch die lateinische Schrift zum Weltstandard. Doch in den Folgejahren holten die Länder mit anderen Schriftkulturen im World Wide Web auf. Mit dem Arabischen, Japanischen sowie den chinesischen und indischen Sprachen wurde auch die digitale Welt wieder polyglott. Eine Pasigrafie zur internationalen Verständigung bleibt bis auf Weiteres nur eine faszinierende Idee.

Solresol besteht aus nur sieben Silben, der Wortschatz ist relativ klein, die Wörter leicht auszusprechen. Jeder Silbe ist zusätzlich ein Zeichen, ein Farbwert und ein Ton zugeordnet, sodass man sie auf unterschiedliche Weise schreiben, musizieren und singen kann. Zudem lassen sich die Zeichen für gehörlose Menschen mit Fingerzeichen anzeigen und für Blinde fühlbar machen.

BLISS-SYMBOLE

Die von Charles Bliss entwickelte Schrift ist ein ideografisches System, bei dem die Zeichen keine bestimmte Lautung, sondern einen ganzen Begriff repräsentieren. Als weltweites Kommunikationsmittel konnte sich die Bliss-Schrift nicht durchsetzen. Allerdings kommt sie in einem anderen Bereich zum Einsatz: Sie wird von Menschen genutzt, die aufgrund motorischer Sprechstörungen kaum oder gar nicht mittels Lautsprache kommunizieren können.

EIN SYMBOL – VIELE BEDEUTUNGEN

In Kombination mit anderen Zeichen kann ein Symbol verschiedene Bedeutungen haben. So lassen sich mit Hilfe des Herz-Symbols die unterschiedlichsten Gefühlsarten ausdrücken. Spezielle Indikatoren geben die Wortart vor.

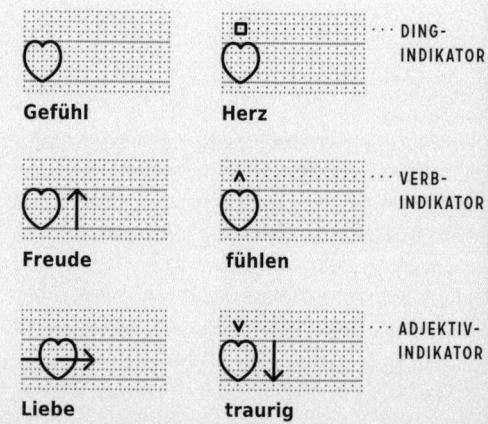

Gefühl

Herz · · · DING-INDIKATOR

Freude

fühlen · · · VERB-INDIKATOR

Liebe

traurig · · · ADJEKTIV-INDIKATOR

EIN SATZ MIT HERZ   EIN ADJEKTIV

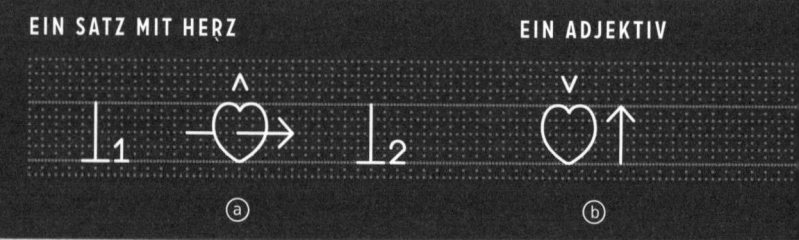

(a)   (b)

SCHLÜSSEL-SYMBOLE

Die Schrift besteht aus einer kleinen Anzahl grundlegender Symbole,
den sogenannten »key-symbols«.

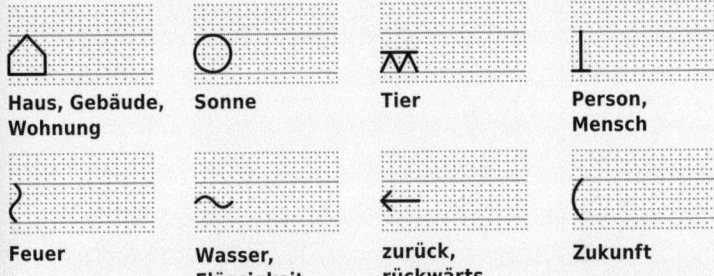

Haus, Gebäude, Wohnung

Sonne

Tier

Person, Mensch

Feuer

Wasser, Flüssigkeit

zurück, rückwärts

Zukunft

KOMBINIERTE BLISS-SYMBOLE

Die Symbole können auf vielfältige Weise miteinander kombiniert werden.
Der Wortschatz wird ständig weiterentwickelt.

Wald, Forst
(viele + viele +
Baum; riesige
Ansammlung
von Bäumen)

Pilot/-in
(Person +
Flugzeug,
bestehend aus
Flügel + Rad)

Dänemark
(Staat + 3× Wasser:
Staat der durch drei
Schifffahrtswege
geteilt ist)

Gehirn
(Verstand + Ding-
Indikator, der das
Symbol Verstand
konkretisiert)

ZUSAMMENGESETZE WÖRTER

Mais + springen

Farbe + Sonne

Tier + Nase

Haus und Fahrzeug,
zusammengezogen

ⓒ ⓓ ⓔ ⓕ

WINKEN, PFEIFEN, MORSEN:
WEGE DER FERNKOMMUNIKATION

Seit Jahrtausenden nutzen Menschen Feuer- oder Rauchzeichen, um sich über weite Strecken miteinander zu verständigen. Man entzündete etwa auf einer Anhöhe ein Feuer, legte eine feuchte Decke darüber, um den Rauch zu sammeln, und schickte nach einem bestimmten Muster Rauchwolken in die Luft. Um die Reichweite zu erhöhen, ließ man später Türme erbauen, von denen man optische Signale oder Lichtzeichen sandte (S. 28).

In manchen Regionen der Welt entwickelten sich schon früh Pfeifsprachen, um Entfernungen zu überbrücken (S. 40), und auch Trommeln und Hörner werden seit jeher zur Kommunikation eingesetzt (S. 44). In der Schifffahrt setzten sich wiederum verschiedene Flaggen und Flaggensignale durch, um auf Sicht zu kommunizieren. Die Erfindung der Telegrafie revolutionierte schließlich die Fernkommunikation. Heute können Menschen nahezu von jedem Ort der Welt mittels Smartphone, E-Mail oder Messenger-Dienst miteinander kommunizieren.

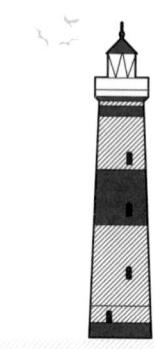

WARNENDE RIESEN: LEUCHT- UND WACHTÜRME

Man unterscheidet u. a. **Seefeuer,** die das nahende Festland ankündigen, **Orientierungsfeuer,** die bei der Orientierung und Positionsbestimmung in Küstennähe helfen, und **Feuer zur Markierung** von engen Fahrwassern.

Der **Leuchtturm von Alexandria** wurde im 14. Jh. bei einem Erdbeben zerstört.

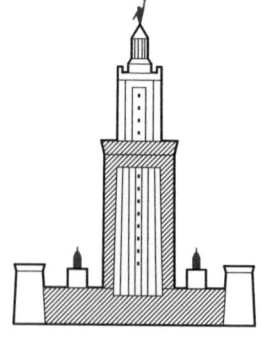

Schon von Weitem sind sie an den Küsten zu sehen: große Leuchttürme, die auf Klippen oder Anhöhen stehen und nachts ihr Licht in die Ferne schicken. Sie helfen den Schiffen bei der Positionsbestimmung, erleichtern das Navigieren und warnen vor Gefahren. **LEUCHTFEUER** gibt es bereits seit den Anfängen der Seefahrt: Wurden dafür zunächst noch einfache Holzfeuer am Strand entzündet, die den Fischern bei schlechter Sicht und Dunkelheit den Rückweg ans Ufer wiesen, errichtete man schon bald Türme, um die Sichtbarkeit der Leuchtfeuer zu verbessern.

Einer der ältesten bekannten Leuchttürme ist der **TURM VON PHAROS,** der um 300 vor Christus auf einer Insel vor Alexandria von den Ägyptern erbaut wurde und zu den sieben Weltwundern gehört. Auch die Römer der Antike errichteten an ihren Küsten Türme, an deren Spitze sie ein Feuer anzündeten. Im Mittelalter geriet diese Erfindung allerdings in Vergessenheit. Erst mit dem Aufblühen des Seehandels im 12. Jh. griff man wieder auf die Idee der Leuchttürme zurück, um den Seeleuten das Navigieren zu erleichtern.

Lange Zeit waren Leuchttürme einfach Türme mit einer kontinuierlich sichtbaren Lichtquelle. Später ermöglichten technische Weiterentwicklungen, das Licht zu steuern und unterschiedliche Signale zu senden. So wurde um 1820 die Fresnel-Linse erfunden, die das Licht bündelte. Ein Prinzip, das bis heute Verwendung findet: Zwar werden statt Feuerstellen, Gas- oder Petroleumlampen Halogenstrahler eingesetzt, aber die Blinkzeichen von großen Leuchttürmen werden nach wie vor von einer großen Linse erzeugt, die auf einem Schlitten um die Lampe fährt. Jeder Leuchtturm hat seine eigene Kennung, also eine individuelle Abfolge von Blinkzeichen und Pausen, die in Leuchtfeuerverzeichnissen und Seekarten verzeichnet sind. Zudem sind verschiedene Farben im Einsatz. So wird die Backbord liegende Seite einer Hafeneinfahrt mit einem roten Molenfeuer, die Steuerbord liegende Seite wiederum durch ein grünes gekennzeichnet.

Doch nicht nur in der Seefahrt dienen **TÜRME DER KOMMUNIKATION:** Die alten Römer erbauten zur Absicherung ihrer Grenzwälle zahlreiche Wachtürme, über die sie mit Rauch- und Lichtzeichen miteinander kommunizierten. In den mittelalterlichen Städten wiederum schob häufig ein Türmer auf einem erhöhten Posten Wache und warnte die Bevölkerung mit Wächterhorn, Flaggen oder Lichtzeichen vor Gefahren. Feuerglocken alarmierten die Menschen zudem durch Sturmgeläute, während andere Glockenschläge Hochzeiten, Taufen, Todesfälle oder einfach nur die Uhrzeit verkündeten. So wurden die wichtigsten Nachrichten schnell und einfach in der ganzen Stadt verbreitet.

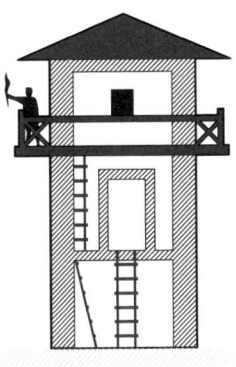

Die Besatzungen der antiken Wachtürme an den Grenzen des Römischen Reiches kommunizierten u.a. mit **Lichtzeichen.**

DIE SPRACHE DER WINDMÜHLEN

Auch Windmühlen wurden zur Kommunikation eingesetzt. Um Nachrichten zu übermitteln, stellten die Müller die Flügel auf eine bestimmte Position oder spannten zusätzlich ein Tuch darüber. Je nach Region hatten die Signale eine unterschiedliche Bedeutung.

FREUDENSCHERE

AUSDRUCK VON FREUDE

Die Freudenschere zeigt ein freudiges Ereignis an: z. B. eine Geburt, Hochzeit oder eine andere Festlichkeit auf der Mühle. Oft wird die Mühle zusätzlich bunt geschmückt.

TRAUERSCHERE

TRAUERFALL

Vergleichbar mit einer Fahne auf Halbmast signalisiert die Trauerschere einen Todesfall in der Müllerfamilie. Die Flügel stehen jetzt ein wenig seitlich vom senkrechten Stand.

FEIERABEND

KURZE PAUSE, FEIERABEND, REPARATUR

Stehen die Flügel ohne Segel senkrecht, hat der Müller Feierabend oder legt eine Pause ein. Jetzt soll kein Korn mehr angeliefert werden.

WARTEN AUF ARBEIT

KUNDSCHAFT KANN SOFORT BEDIENT WERDEN

Stehen die Mühlenflügel dagegen senkrecht, sind aber bespannt, hat der Müller gerade keine Arbeit. Wer jetzt sein Korn liefert, wird direkt bedient.

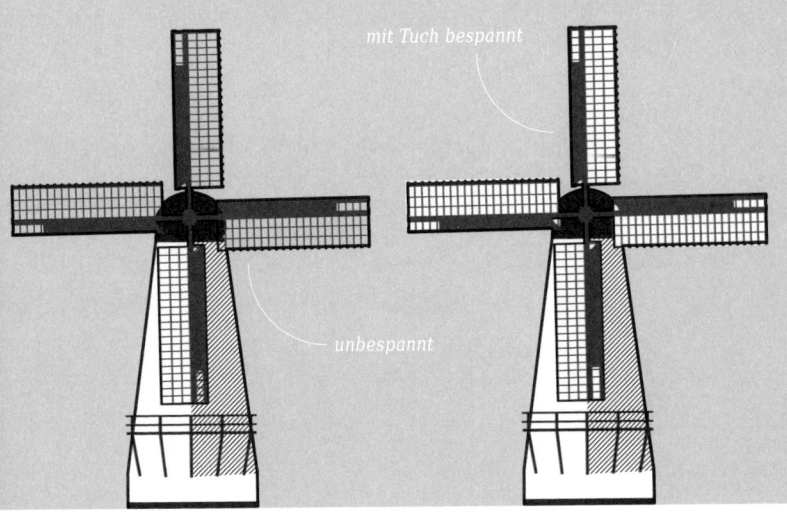

mit Tuch bespannt

unbespannt

FLAGGE ZEIGEN: KOMMUNIKATION AUF SICHT

Während **Fahnen** getragen werden, werden **Flaggen** gehisst. **Stander** sind meist dreieckige Flaggen, die zur Kennzeichnung dienen.

Vor der Erfindung des Sprechfunks nutzte man in der Schifffahrt vor allem **FLAGGEN**, um sich auf Sicht zu verständigen. So liegt der Ursprung der Nationalflaggen in der mittelalterlichen Seefahrt: Mit großen Tüchern gaben sich die Kriegs- und Handelsschiffe schon von Weitem zu erkennen. Bis heute werden auf Schiffen die unterschiedlichsten Flaggen gehisst: Die Handelsflagge ähnelt in der Regel der Nationalflagge und zeigt die Nationalität eines Handelsschiffes an. Die Gastlandflagge wird gehisst, wenn ein Schiff die Gewässer oder den Hafen eines anderen Landes erreicht. Damit signalisiert es, dass es die Gesetze des Gastlandes respektiert. Die Flagge des Bestimmungslandes nennt das Ziel. Der Zollstander, der während der Fahrt meist neben der Nationalflagge hängt, kündigt im Hoheitsgebiet eines Staats die An- und Abmeldung beim Zoll an. Und auch die Reedereien haben ihre

Exemplarische Beflaggung eines Handelsschiffes

* Buchstabe **P** *(Blauer Peter)*: Schiff läuft demnächst aus

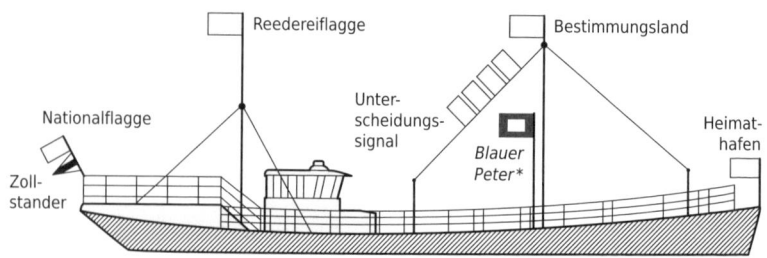

eigenen Flaggen. Aus weiteren vier Flaggen setzt sich das Unterscheidungssignal zusammen. Dieses nennt die individuelle Kennung eines Schiffes, die aus einer Kombination von Ziffern und Buchstaben besteht. Es ist zugleich auch das Rufzeichen für den Seenotdienst. Nachrichten können zudem mithilfe des **FLAGGENALPHABETS** ausgetauscht werden: Ein Stell, also ein kompletter Flaggensatz, besteht aus 26 Buchstabenflaggen, 10 Zahlenwimpeln sowie weiteren Sonderflaggen. Allerdings werden damit nur im Einzelfall Wörter buchstabiert. Vielmehr hat jede Flagge noch eine eigene Bedeutung. Verschiedene Flaggen können zudem miteinander kombiniert werden, indem man sie untereinander hängt. Seeleute auf der ganzen Welt kommunizieren nach dem gleichen System, die Bedeutung der Signale ist im »Internationalen Signalbuch« geregelt. Für einen schnellen Austausch von Nachrichten zwischen den Besatzungen war lange Zeit auch das Buchstaben- und Winkeralphabet üblich, das die Marine bis heute verwendet. Denn während Funksignale von feindlichen U-Booten und Schiffen abgefangen und abgehört werden können, gilt die Flaggenkommunikation als »abhörsicher«. Dabei verwendet ein Matrose oder eine Matrosin – der sogenannte Signalgast – zwei quadratische Flaggen, die heute in der Regel diagonal in eine gelbe und eine orange Hälfte unterteilt sind.

Eine mit dem Flaggenalphabet gezeigte Nachricht wird **»Signal«** genannt.

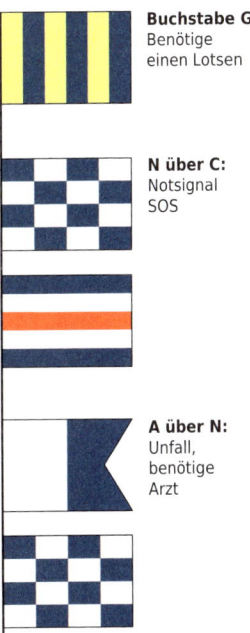

Buchstabe G:
Benötige
einen Lotsen

N über C:
Notsignal
SOS

A über N:
Unfall,
benötige
Arzt

WINKERALPHABET

Jedes Flaggensignal steht für einen Buchstaben. Die Signale für A bis K
werden auch für Ziffern verwendet. Um eine Zahlenfolge anzuzeigen, gibt
der Winker zunächst das Signal für »Zahlen folgen«. Folgt darauf wieder
Text, leitet er diesen mit dem Signal J für »Buchstaben folgen« ein.

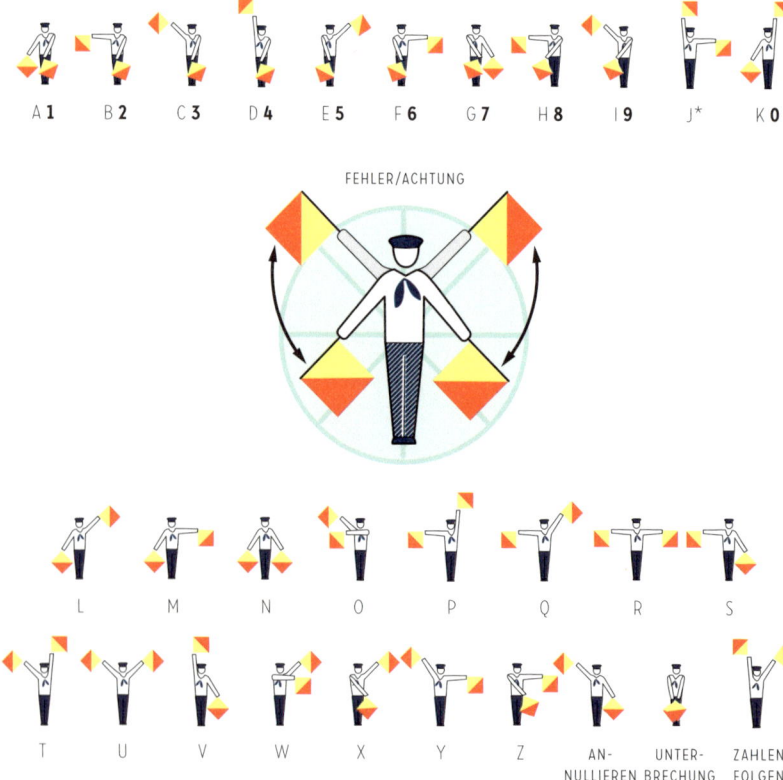

A **1**   B **2**   C **3**   D **4**   E **5**   F **6**   G **7**   H **8**   I **9**   J *   K **0**

FEHLER/ACHTUNG

L   M   N   O   P   Q   R   S

T   U   V   W   X   Y   Z   AN-
NULLIEREN   UNTER-
BRECHUNG   ZAHLEN
FOLGEN

* STEHT AUCH FÜR »BUCHSTABEN FOLGEN«

Das 1958 von Gerald Holtom entwickelte Peace-Zeichen soll sich aus den Winkersignalen N und D ableiten. Die Abkürzung steht für »Campaign for **N**uclear **D**isarmament«, die englische Anti-Atomkraftbewegung. Für Holton steht es zudem für einen hoffnungslosen Menschen mit hängenden Armen.

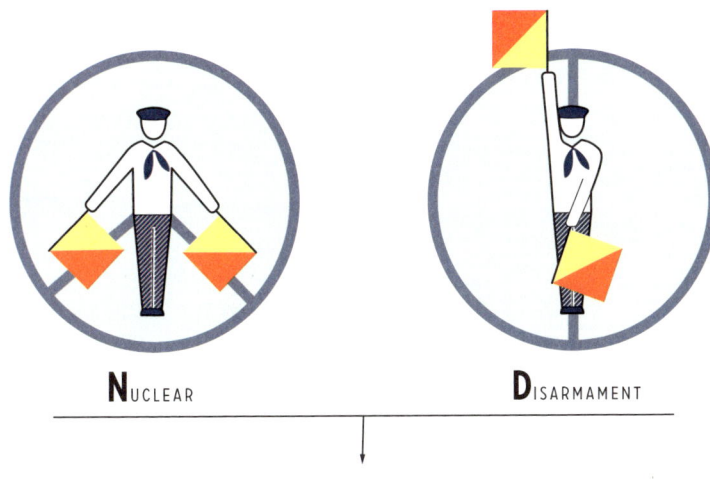

NUCLEAR   **D**ISARMAMENT

PEACE-ZEICHEN

Der Kreis stellt die Erde dar.

SCHNELLER, WEITER, BESSER: MORSES GENIALE ERFINDUNG

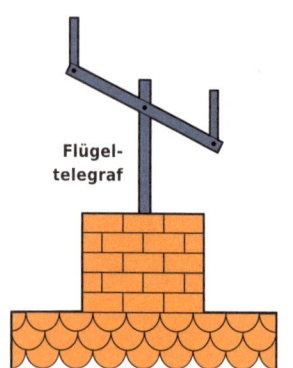

Flügel-telegraf

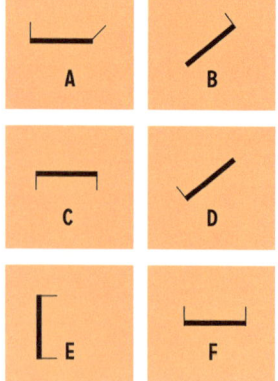

Beispielhafte Zeichen aus dem Alphabet des optischen Telegrafen der Brüder Chappe.

Als Samuel Morse im Jahr 1837 seinen Morseapparat vorstellte, war das ein Meilenstein in der Entwicklung der Fernkommunikation. Denn jetzt ließen sich Nachrichten endlich über weite Entfernungen nahezu ohne Zeitverzögerung senden. Bis dahin mussten sie per Postkutsche, Schiff oder Boten transportiert werden. Die Geschwindigkeit der Nachrichtenübertragung hing von der Schnelligkeit des Transportmittels ab. Allerdings gab es bereits vor Morses Erfindung Experimente mit der Telegrafie. So entwickelten die französischen Brüder Chappe 1792 einen **FLÜGELTELEGRAFEN.** Dieser bestand aus einem hölzernen Mast, an dem ein drehbarer Balken als weithin sichtbarer Signalarm befestigt war. Dieser ließ sich in verschiedene Stellungen bringen, die jeweils für bestimmte Ziffern, Buchstaben oder häufig verwendete Wörter standen. Schon bald wurde in Frankreich ein erstes flächendeckendes Telegrafennetz aufgebaut: Die Signale wurden von Station zu Station übertragen, die Stationsposten entzifferten sie mit einem Fernrohr und gaben sie anschließend weiter. Für die 820 km lange Strecke von Paris bis Toulon brauchte eine Nachricht jetzt weniger als 20 Minuten. Allerdings versagte das optische Telegrafensystem bei Dunkelheit oder schlechten Witterungsverhältnissen.

Ab dem 19. Jh. versuchten andere Wissenschaftler, die neuen Erkenntnisse der Elektrizitätslehre für

SOS

• • • — — — • • •

Das **Seenotsignal** wurde ursprünglich als Morsecode entwickelt. Die Buchstaben wurden gewählt, weil sie leicht einprägsam waren. Eine Bedeutung hat die Abkürzung nicht.

die Nachrichtenübermittlung zu nutzen. Doch erst dem Amerikaner Morse gelang der Durchbruch. Er konstruierte den ersten brauchbaren (Morse)apparat, dessen Aufbau er im Laufe der Jahre verfeinerte. Zusätzlich entwickelte er mit seinen Mitarbeitern ein aus Punkten und Strichen bestehendes **MORSE-ALPHABET,** das sich international rasch durchsetzte. Schnell entstand ein weltweites Kommunikationsnetzwerk der Telegrafie, dessen Kabel sich durch Kontinente und Ozeane zogen. Die Welt schien durch die neue Technik kleiner zu werden, da sich Neuigkeiten nun viel schneller verbreiteten. Um 1900 kam dann die drahtlose Telegrafie auf, bei der die Signale als modulierte elektromagnetische Wellen übertragen wurden. Bereits ein Jahr später gelang es, ohne Telegrafenleitungen per Morsecode eine Nachricht über den Atlantik zu funken. Nun konnten sich auch Schiffe über weite Entfernungen verständigen und waren selbst auf hoher See vom Festland aus erreichbar. Und da Morsezeichen auch bei starkem Hintergrundrauschen gut hörbar blieben, wurden diese noch lange Zeit nach der Einführung des Sprechfunks in der Schifffahrt verwendet. Die Entdeckung der elektromagnetischen Wellen machte zahlreiche weitere technische Neuerungen möglich. So folgte auf die drahtlose Telegrafie und den Sprechfunk mit dem **RUNDFUNK** eine weitere Erfindung, die die Welt veränderte.

Bei den ersten **Radios** mussten die Hörerinnen und Hörer noch Kopfhörer aufsetzen, um dem Programm zu folgen.

MORSEALPHABET

Das von Samuel Morse entwickelte Alphabet
besteht aus den drei Signalen kurz, lang
und Pause, die zu verschiedenen Zeichen
zusammengesetzt sind.
Bei der Telegrafie werden die Zeichen als
elektrische Impulse übermittelt, es können
aber auch optische oder akustische Signale
gemorst werden.

MORSE-CODE (ZAHLEN)

1 ·————
2 ··———
3 ···——
4 ····—
5 ·····
6 —····
7 ——···
8 ———··
9 ————·
0 —————

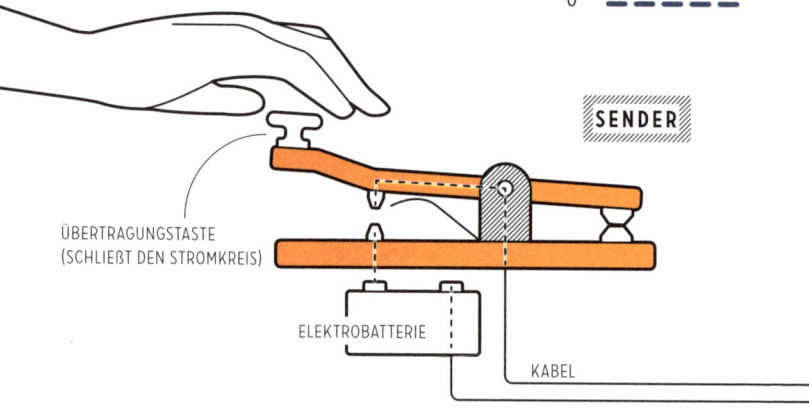

ÜBERTRAGUNGSTASTE
(SCHLIESST DEN STROMKREIS)

SENDER

ELEKTROBATTERIE

KABEL

■ INTERNATIONALES BUCHSTABIERALPHABET   ■ INTERNATIONALER MORSE-CODE

ALFA   BRAVO   CHARLIE   DELTA   ECHO   FOXTROT   GOLF
·—   —···   —·—·   —··   ·   ··—·   ——·

NOVEMBER   OSCAR   PAPA   QUEBEC   ROMEO   SIERRA   TANGO
—·   ———   ·——·   ——·—   ·—·   ···   —

MORSEAPPARAT

Auf der Senderseite werden über eine Taste elektrische Impulse auf eine Leitung übertragen und darüber an das Empfangsgerät weitergeleitet. Dieses besteht u.a. aus einem Elektromagneten, über dem sich ein Stift mit Anker befindet. Die hereinkommenden Impulse bewirken, dass der Magnet den Anker anzieht und der Stift ein Zeichen auf dem vorbeigleitenden Papier hinterlässt: einen Punkt bei kurzem Impuls, einen Strich bei einem längeren.

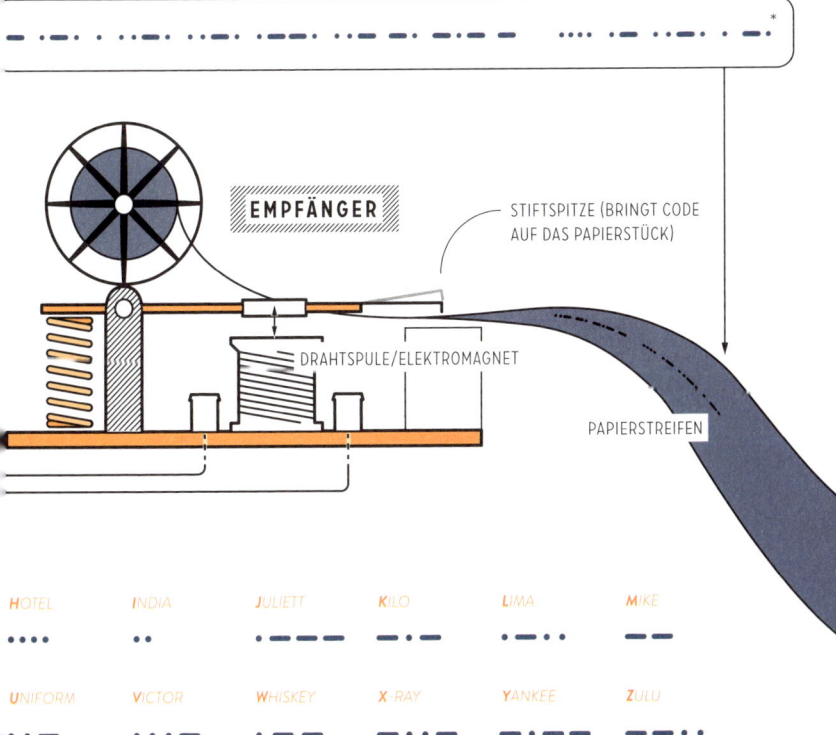

EMPFÄNGER

STIFTSPITZE (BRINGT CODE AUF DAS PAPIERSTÜCK)

DRAHTSPULE/ELEKTROMAGNET

PAPIERSTREIFEN

HOTEL	INDIA	JULIETT	KILO	LIMA	MIKE

UNIFORM	VICTOR	WHISKEY	X-RAY	YANKEE	ZULU

ECHT PFIFFIG –
DIE PFEIFSPRACHE
EL SILBO

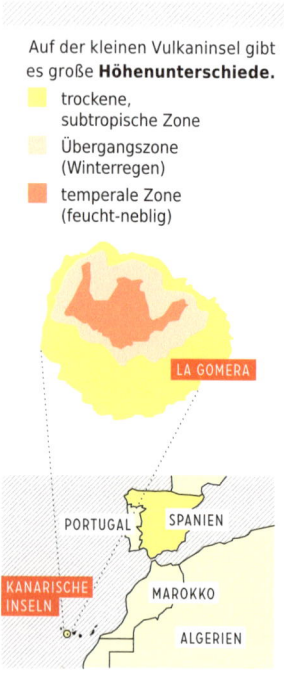

Auf der kleinen Vulkaninsel gibt es große **Höhenunterschiede.**

- trockene, subtropische Zone
- Übergangszone (Winterregen)
- temperale Zone (feucht-neblig)

LA GOMERA

PORTUGAL   SPANIEN

KANARISCHE INSELN

MAROKKO

ALGERIEN

Auf der Insel **LA GOMERA** haben die Menschen eine ganz eigene Methode entwickelt, um sich über weite Entfernungen zu unterhalten: Sie pfeifen. Die verwendete Pfeifsprache El Silbo – übersetzt: der Pfiff – gilt als eine der lautesten Kommunikationsformen ohne Hilfsmittel und ist bei guten Wetterverhältnissen bis zu 8 km weit zu hören. Mit ihr können sich die Einheimischen über die Täler und Bergschluchten der unwegsamen Gebirgslandschaft hinweg verständigen. Vor allem Alltägliches, Neuigkeiten oder wichtige Nachrichten werden so ausgetauscht. Im Prinzip lässt sich aber jedes denkbare Wort in El Silbo pfeifen.

Wie die Pfeifsprache nach Gomera kam, ist nicht genau geklärt. Man vermutet, dass sie von marrokanischen Siedlern stammt. Schon im 14. Jh., als spanische Seefahrer die Insel erreichten, verständigten sich die Guanchen, die Ureinwohner der Vulkaninsel, mit den zwitschernden Pfeiflauten in ihrer eigenen Sprache. Später wurde die Pfeifsprache auf das Spanische übertragen. Und noch im spanischen Bürgerkrieg in den 1940er-Jahren wurden die Silberados, wie man die gomerischen Pfeifkünstler nennt, zur Nachrichtenübermittlung an der Front eingesetzt – allerdings auf beiden Seiten, sodass die Nachrichten schnell entschlüsselt wurden.

Bis in die 1960er-Jahre nutzten die Einheimischen die zwitschernde Pfeifsprache rege. Doch mit der

Das Denkmal **EL SILBO** steht auf etwa 1200 m Höhe am Aussichtspunkt von Igualero, dem höchstgelegenen Bergdorf der Insel.

Verbreitung des Telefons geriet El Silbo langsam in Vergessenheit und wäre beinahe ausgestorben. Um die Pfeifsprache vor dem Untergang zu bewahren, führte man sie 1999 als Pflichtfach in den Schulen La Gomeras ein. Mit Erfolg – die Zahl der Silberados stieg. 2005 wurde ihr ein **DENKMAL** gewidmet.

El Silbo ist ein gepfiffener spanischer Dialekt, dessen Klang der gesprochenen Sprache ähnelt. Er kommt mit nur vier Vokalen und vier Konsonanten aus, die in Pfeiftöne übertragen werden. Helle Vokale klingen höher als tiefe. Auch bei den Konsonanten gibt es Unterschiede in der Tonhöhe sowie stimmhafte und stimmlose Laute. Die gepfiffenen Laute klingen oft ähnlich. Zudem lässt sich auf diese Weise nur ein begrenzter Wortschatz bilden, sodass die Bedeutung der Wörter stark vom Kontext abhängt. Wer die Pfeiftechnik beherrscht, kann deshalb zwar recht schnell einige Wörter erlernen, um eine Nachricht zu verstehen, braucht es jedoch ein geschultes Gehör.

Neben El Silbo existieren weltweit etwa 70 andere Pfeifsprachen, die jedoch vom Aussterben bedroht sind. In Europa kann man sich auch auf der griechischen Insel Euböa pfeifend verständigen. In der türkischen Region Kusköy pfeifen die Menschen die Vogelsprache, die vor rund 500 Jahren von Almhirten erfunden wurde. Das in den Pyrenäen gepfiffene Béarnais starb dagegen bereits 1999 aus.

SO FUNKTIONIERT EL SILBO

Gepfiffen wird häufig mit zwei Fingern einer Hand oder dem Zeigefingerknöchel. Die Töne werden mithilfe der Zunge erzeugt, während beim Ausstoßen der Luft die Lippen in die Breite gezogen oder gespitzt werden. Die andere Hand formt einen Schalltrichter, um das Signal zu verstärken.

WIE PFEIFT MAN?

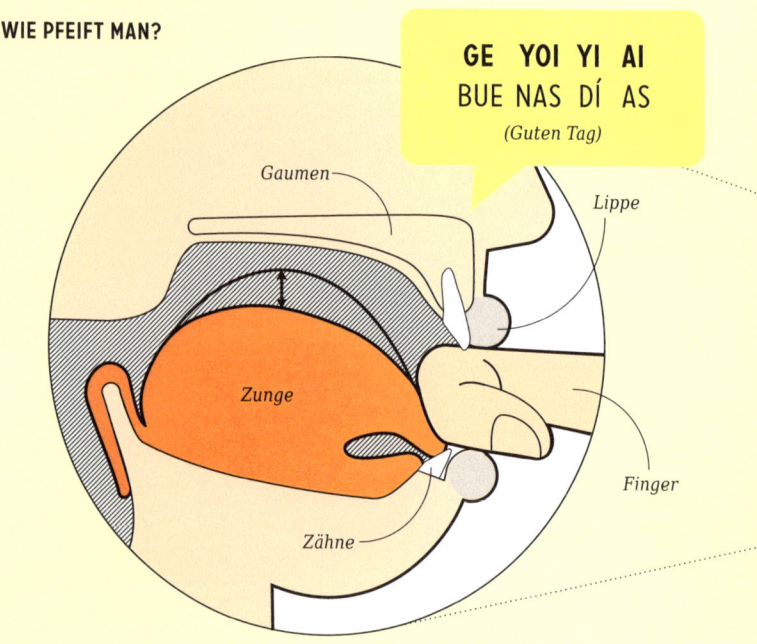

GE YOI YI AI
BUE NAS DÍ AS
(Guten Tag)

Gaumen

Lippe

Zunge

Finger

Zähne

LAUTE ZUR WORTBILDUNG

VIER VOKALE	A E I O	VIER KONSONANTEN	CH Y G K

REICHWEITE BIS ZU	SEIT	SCHÄTZUNGSWEISE	RUND
8 KILOMETERN	**2009** WELT- KULTUR- ERBE	**20 000** MENSCHEN VERWENDEN DIE PFEIFSPRACHE EL SILBO.	**4 000** WÖRTER UMFASSENDER WORTSCHATZ

KO GO CHE YA GAI
¿CÓ MO TE LLA MAS?
(Wie ist dein Name?)

Die Hand bildet
einen Trichter.

BEISPIELE

PFEIFSPRACHE GESPROCHENE SPRACHE	GA GA MA MA *(Mama)*	CHA GA YO SÁ BA DO *(Samstag)*	GA YA YA MA ÑA NA *(morgen)*

43

NACHRICHTEN-TROMMELN: HÖRST DU DEN RHYTHMUS?

Seit frühester Zeit wird vor allem in den tropischen Wäldern Afrikas, Süd- und Mittelamerikas sowie Ozeaniens mithilfe von Trommeln kommuniziert. Viele der dort lebenden indigenen Gruppen entwickelten zum Teil hochdifferenzierte Trommelsprachen, um über weite Distanzen hinweg Nachrichten auszutauschen. Zu einer der ältesten Trommelsprachen Lateinamerikas gehört die Sprache der Bora, deren Heimat der Amazonas-Regenwald in Peru und Kolumbien ist. Für ihre Kommunikation nutzen sie bis heute **MANGUARÉ-TROMMELN,** die eine Reichweite von bis zu 20 km haben. Zum Vergleich: Die menschliche Stimme trägt üblicherweise rund 200 m weit. Die Instrumente werden aus etwa 2 m langen Baumstämmen gefertigt und bestehen aus zwei Trommeln, die jeweils zwei verschiedene Tonhöhen erzeugen können. Bei der Nachrichtenübermittlung wird jedoch meist nur eine Trommel benutzt, da die Tonhöhen dabei kaum von Bedeutung sind. Der Trommler ahmt vielmehr den Rhythmus der Sprache nach. Jeder Trommelschlag steht für eine Silbe, zwischen den einzelnen Schlägen gibt es unterschiedlich lange Pausen. Geübte Hörer erkennen so das entsprechende Wort. Vergleicht man die getrommelten Nachrichten mit dem gesprochenen Wort, lässt sich erkennen, dass die Länge der Pause zwischen den Trommelschlägen abhängig vom jeweiligen Abstand der Vokale ist: So ist die

Eine Nachricht der **Bora** besteht im Durchschnitt aus 15 Wörtern, das macht ungefähr 60 Trommelschläge. Ihr Aufbau ist immer gleich: Auf die Anrede folgt eine Nachricht, am Ende eine Schlussformel. Die Hauptnachricht wird meist erneut gesendet, um Missverständnisse zu vermeiden.

Pause dann am längsten, wenn der erste Vokal lang ist und mehrere Konsonanten folgen. Auf einen kurzen Vokal folgt dagegen eine kürzere Pause.

Auch die **»TALKING DRUMS«,** die sprechenden Trommeln der Yoruba in Nigeria, nehmen den Sprachrhythmus auf. Da in der Sprache der Yoruba die Bedeutung eines Wortes aber auch von der verwendeten Tonhöhe (hoch, mittel oder tief) abhängt, ahmen sie diese ebenfalls nach: Beim Spielen klemmt der Trommler sich das Instrument unter den Arm. Indem er seinen Oberarm an- oder entspannt, verändert er die Spannung der Trommelfelle, sodass der Ton heller oder dunkler klingt.

In vielen Regionen der Erde sind zudem spezielle **SCHLITZTROMMELN** verbreitet, mit denen einfache Nachrichten übermittelt werden können. Und auch in Europa hat der Einsatz von Nachrichtentrommeln Tradition: Bereits in der Antike wurden Trommeln als Signalgeber beim Militär genutzt, um auf dem Schlachtfeld die Kommandos der Befehlshaber an die Fußtruppen weiterzugeben. Und im Baskenland diente lange das Txalaparta, das aus hölzernen Klangstäben besteht und mit zwei senkrecht gehaltenen Hölzern gespielt wird, als Kommunikationsmittel.

Diese **Trommel** ist von beiden Seiten mit Fell bespannt und wird mit einem **Krummholz** gespielt.

Eine **Schlitztrommel** besteht aus einem Hohlkörper mit einem oder mehreren Schlitzen. Die Wandstärke entlang des Schlitzes ist unterschiedlich, sodass die Tonhöhe variiert.

SIGNALHÖRNER UND TROMPETEN

Neben Trommeln wurden seit jeher auch Hörner und Trompeten eingesetzt, um sich über weite Strecken miteinander zu verständigen. Hirten
nutzten beispielsweise einfache Hörner, um sich gegenseitig zu warnen
und kurze Nachrichten zu übermitteln. Beim Militär wurden Befehle
bereits in der Antike mit Horn- und später Trompetensignalen an die
Soldaten weitergegeben. Und in der Jagd ist das Jagdhorn bis heute ein
wichtiges Verständigungsmittel.

BUCINA	POSTHORN	OLIFANT
ANTIKE	6. JAHRHUNDERT	10. JAHRHUNDERT

Das Metallhorn diente im römischen Heer als Signalinstrument. Es bestand aus einer gebogenen Röhre, die über 3 m lang sein konnte, und einer Querstange zur Stabilisierung.

Mit dem Posthorn kündigten Postreiter und -kutscher z. B. ihre Ankunft und Abfahrt an, oder teilten mit, was sie zum nächsten Pferdewechsel benötigten.

Das ursprünglich aus Byzanz stammende Signalhorn bestand aus Elfenbein, das oft mit Schnitzereien verziert war und als Herrschaftszeichen der Ritter diente. Der Name bedeutet »Elefant«.

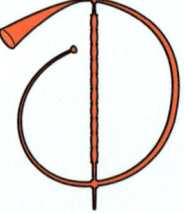

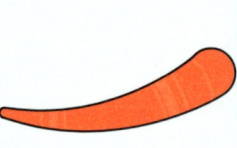

ALPHORN

16. JAHRHUNDERT

Das Alphorn wurde ursprünglich von Hirten vor allem
in den Schweizer Bergen verwendet, um damit Vieh
anzulocken oder einfache Nachrichten zu senden.
Die Hirtentrompeten sind aus Holz oder Rinde
gefertigt und haben keine Fingerlöcher oder
ähnliche Spielhilfen. Etwa 12 bis 16
verschiedene Töne lassen sich mit dem
Instrument, das durchschnittlich
3,4 m lang ist, erzeugen.

FANFARENTROMPETE

UM 1800

Fanfaren- und Kavallerie-Trompeten
wurden u. a. in der preußischen
und der US-Kavallerie eingesetzt.
Mit den ventillosen Trompeten
wurden die unterschiedlichsten
Befehle wie Angriff, Aufsitzen,
Absitzen, Satteln, Trab, Futter holen
u.v.m. an die Reiter weitergegeben.

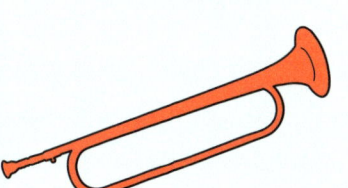

FÜRST-PLESS-HORN

19. JAHRHUNDERT

Bei der Jagd werden bis heute
ventillose Fürst-Pless-Hörner
verwendet. Bei den Jagdsignalen
unterscheidet man allgemeine Signale
wie z. B. das Halali, Jagdleitsignale
für Jäger und Treiber sowie Totsignale,
die ein erlegtes Tier ehren sollen.

DER KÖRPER SPRICHT MIT –
KOMMUNIZIEREN MIT GESTEN

Immer wieder stößt die gesprochene Sprache an ihre Grenzen: So machen Lärm oder weite Entfernungen in vielen Situationen die verbale Kommunikation unmöglich. Dann werden im Verkehr (S. 62) oder beim Sport (S. 66) verschiedene Handzeichen eingesetzt. Auch beim Tauchen verständigt man sich auf diese Weise (S. 58). Und der Dirigent oder die Dirigentin leitet ein ganzes Orchester mithilfe von Gesten und Körpersprache an (S. 54).

Manche Sprachen kommen sogar ganz ohne akustische Signale aus. So sind die Gebärdensprachen, die vor allem von Gehörlosen und Schwerhörigen verwendet werden, visuelle Sprachen, die auf Handzeichen, Gesten und mimischen Signalen basieren (S. 50). Grundsätzlich sind Mimik, Gestik und Körpersprache wichtige Kommunikationsinstrumente, die zum Teil bewusst eingesetzt werden, um etwas Gesagtes zu unterstreichen, häufig aber auch unbewusst Signale senden (S. 70). Wie solche Körpersignale gedeutet werden, kann allerdings je nach Kultur sehr unterschiedlich sein (S. 74).

SEHEN STATT HÖREN – WIE FUNKTIONIEREN GEBÄRDENSPRACHEN?

Die Mimik zeigt u. a. die Satzart an:
Aussagesatz:
neutraler Gesichtsausdruck
Ja/Nein-Frage:
Angehobene Augenbrauen und leichtes Kopfneigen nach vorne
Offene Frage:
Zusammengezogene Augenbrauen und leichtes Zurückneigen des Kopfes

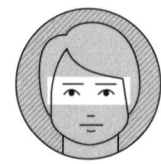

Aussagesatz

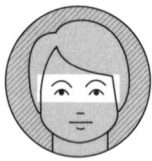

Ja/Nein-Frage

Offene Frage

Wenn sich Gehörlose in einer Gebärdensprache verständigen, dann sind nicht nur die Hände, sondern auch die Arme, der Kopf und der Oberkörper im Einsatz. Denn es ist nicht nur von Bedeutung, wie man das Zeichen mit der Hand formt, sondern auch, wo es ausgeführt wird: z. B. am Kopf, vor der Brust oder am Bauch, direkt am Körper oder weiter entfernt. Neben der Gebärde selbst spielen zudem die **MIMIK** und die Mundhaltung eine große Rolle. Vergleichbar mit dem Tonfall in der gesprochenen Sprache können damit z. B. weitere Details vermittelt werden. Zwar gibt es für viele Adjektive die passende Gebärde, aber sie lassen sich auch mimisch ausdrücken und mit einem manuellen Zeichen kombinieren. So bedeutet eine Gebärde mit neutralem Gesichtsausdruck »Ich lese«, verbunden mit der entsprechenden Mimik wird daraus »Ich lese konzentriert«. Ohne direkten Blickkontakt können Gebärdensprachen daher nicht funktionieren. Um diesen herzustellen, tippen sich die Sprechenden zuerst an oder machen durch Winken auf sich aufmerksam.

Nahezu alles lässt sich mit einer Gebärdensprache ausdrücken. Fehlt einem Sprechenden doch einmal eine Gebärde, kommt das Fingeralphabet zum Einsatz, mit dem sich das entsprechende Wort buchstabieren lässt. Wichtig ist das zum Beispiel bei Fachbegriffen oder Fremdwörtern, für die die Gebärden weniger geläufig sind. Auch ihren Namen buchstabieren Gehörlose – zumindest beim ersten Kennenlernen. Anschließend steigt man auf die Namensgebärde um. Denn weil das Buchstabieren relativ umständlich ist, hat jeder Gebärden-Sprechende eine eigene Namensgebärde, die sich auf ein typisches Merkmal bezieht. Das kann z.B. die Gebärde für ein Hobby, ein Instrument oder ein äußerliches Merkmal sein. So stand bei der Fußball-WM 2018 für den Fußballspieler Mats Hummels die Gebärde »Hummel«, Manuel Neuer wurde mit »neu« gebärdet und der Spaßvogel Thomas Müller mit »lachen«.

Da Gebärdensprachen natürliche, also historisch gewachsene Sprachen sind, haben sich in fast allen Ländern eigene Gebärdensprachen entwickelt – weltweit gibt es über 200 verschiedene, hinzu kommen zahlreiche Dialekte. In Deutschland wird die »Deutsche Gebärdensprache« verwendet, abgekürzt **DGS.** Trotzdem kann es auch hier je nach Region und Dialekt unterschiedliche Gebärden für einen Begriff geben. Lange Zeit wurden Gebärdensprachen allerdings nicht als vollwertige Sprachen gesehen. Man ging davon aus, dass sie lediglich aus einer Ansammlung von Gesten bestünden. Erst Ende der 1960er-Jahre begann man ernsthaft, die Gebärdensprachen linguistisch zu erforschen. Seit 2002 ist die DGS nun anerkannte Sprache und offizielle Amtssprache in Deutschland.

Abkürzungen und Namen können mithilfe des Fingeralphabets kommuniziert werden. **DGS** steht für »Deutsche Gebärdensprache«.

DIE DEUTSCHE GEBÄRDENSPRACHE

Die DGS ist eine vollständig entwickelte Sprache mit eigener Struktur und Grammatik, die sich deutlich von der deutschen Lautsprache unterscheidet. So steht das Verb in einem Satz grundsätzlich am Ende. Nur bei einer Frage folgt hinter dem Verb noch ein Fragewort. Zudem gibt es nur drei verschiedene Zeitformen: Gegenwart, Vergangenheit und Zukunft.

FRAGE

DU   LESEN   WAS   ?

Der ausgestreckte Zeigefinger weist auf die gemeinte Person.

Zeige- und Ringfinger führen kleine Wellenbewegungen nach unten aus.

Die Hände schwingen gleichzeitig kurz hin und her. Die Handflächen zeigen nach oben, die Finger sind gespreizt.

ZAHLEN

Die Zahlen von 1 bis 10 werden in der DGS mit den 10 Fingern angezeigt.

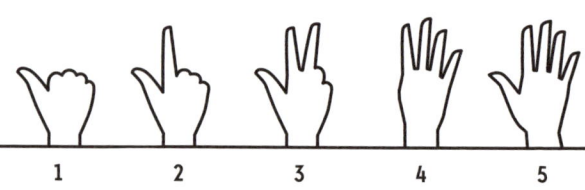

1   2   3   4   5

ZEITFORMEN

Die Zeitform wird zu
Beginn des Satzes
vorgegeben und gilt,
bis eine neue
Zeitangabe folgt.

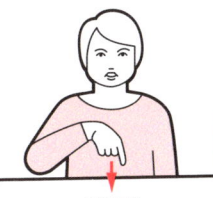 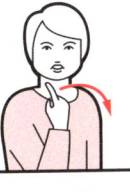 

HEUTE   **MORGEN**   **GESTERN**

... **ICH**   **ZEITUNG**   **LESEN**

 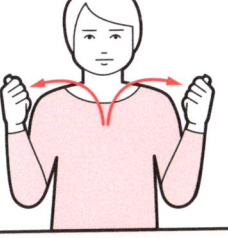 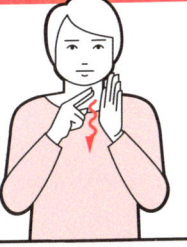

Zeit- und Orts-
angaben stehen
vor dem Subjekt.

Es werden keine
Artikel verwendet.

Das Verb steht
am Ende.

Ab der Zahl 11
werden die Zahlen
mit speziellen
Handzeichen
angezeigt.

   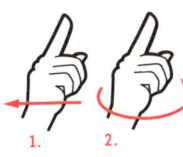

1.   2.

11   **12**   **100**   **1000**

MIT PRÄZISEN GESTEN ZUM PERFEKTEN KLANG: DAS DIRIGAT

Tritt der Dirigent zu Beginn einer Aufführung vor das Orchester, ist ihm die Aufmerksamkeit aller sicher: Mit einer klaren Geste gibt er den Auftakt und bestimmt damit den Verlauf des ersten Satzes: Denn der kurze Wink zeigt den Musikerinnen und Musikern nicht nur den exakten Einsatz an, sondern gibt auch das Tempo des Musikwerks vor. Kommt der Auftakt zu zögerlich, beginnen womöglich nicht alle gleichzeitig, ist er zu schnell, spielt das Orchester zu hektisch. Ist er wiederum zu langsam, verschleppen auch die Musizierenden ihr Spiel.

Einer der wichtigsten Aufgaben eines Dirigenten oder einer Dirigentin ist es, das Orchester zu leiten und ein geordnetes Zusammenspiel der einzelnen Muszierenden zu ermöglichen. Denn je mehr Mitglieder ein Orchester hat, desto schwieriger wird es für den Einzelnen zu hören, was weiter entfernte Orchestermitglieder spielen. Der Dirigent oder die Dirigentin steht von einem erhöhten Pult aus mit allen Musizierenden in Kontakt und gibt Anweisungen, um das Spiel der einzelnen Instrumente zu einem einheitlichen Ganzen zu formen. Dies geschieht mit optischen Signalen, vor allem in Form von Handgesten, aber auch durch Mimik und Körperhaltung. Oft wird zusätzlich ein **TAKTSTOCK** verwendet, der die Bewegungen des Arms vergrößert, damit sie auch in den hinteren Reihen gut sichtbar sind.

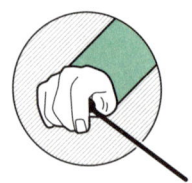

Der **Taktstock** wird heute z.B. aus leichtem Holz oder Fiberglas gefertigt, hat eine Länge von 20 bis 45 cm und kann auf verschiedene Weise gehalten werden.

Während die Musikerinnen und Musiker nur ihre Einzelstimme vorliegen haben, arbeitet der Dirigent mit der Partitur, in der alle Stimmen untereinander dargestellt sind. Für ein gutes Dirigat ist die detaillierte Kenntnis des gesamten Werks daher eine Grundvoraussetzung. Denn wer ein Orchester leitet, muss genau wissen, wo die Schwierigkeiten für die einzelnen Stimmen liegen, wann ein Tempowechsel erfolgt, wo ein pausierendes Instrument wieder einsetzt oder wo leiser oder lauter gespielt werden muss. Zudem braucht man eine genaue Vorstellung des Klangbildes, denn die Partituren geben immer auch Spielraum für Interpretationen.

Lange Zeit kamen Orchester allerdings ohne eigenen Dirigenten aus. Als eine Vorform des Dirigierens gilt die seit der Antike bekannte Choironomie, bei der Sängern per Handzeichen Töne, Tonhöhe oder Lautstärke angezeigt wurden. Im Mittelalter leitete der Chorleiter größer besetzte Chöre mit Auf- und Abbewegungen der Hand durch die Melodie. In den Orchestern des 17. Jh. und 18. Jh. übernahm dann ein Musiker, meist der Cembalospieler oder die **1. VIOLINE,** das Vorgeben des Taktes und der Einsätze. Erst als die Orchester größer wurden und das Zusammenspiel von immer mehr Instrumenten koordiniert werden musste, kam im 19. Jh. der Beruf des Dirigenten auf, dessen Aufgabe seitdem u. a. darin liegt, das Orchester zu leiten und seine Idee der Musik zu vermitteln.

Früher gab häufig die 1. Violine den Einsatz mit ihrem **Geigenbogen.**

DIE SPRACHE DES DIRIGIERENS

Zwar entwickeln Dirigentinnen und Dirigenten ihren eigenen Stil, doch prinzipiell müssen die Zeichen für jedes Orchester verständlich sein. Während bei Rechtshändern meist die rechte Hand den Takt schlägt und den Rhythmus vorgibt, ist die linke Hand für die Dynamik zuständig. Sie zeigt auch Fermaten an, signalisiert also, wie lang ein Ton oder eine Pause gehalten werden, und gibt die Einsätze für die Instrumente. Auch dem Chor und den Sängerinnen und Sängern werden mit der linken Hand Zeichen gegeben. Mimik und Körperhaltung verstärken die Signale.

GRUNDPOSITION

In der Grundhaltung steht der Dirigent oder die Dirigentin aufrecht, der Rücken ist gerade.

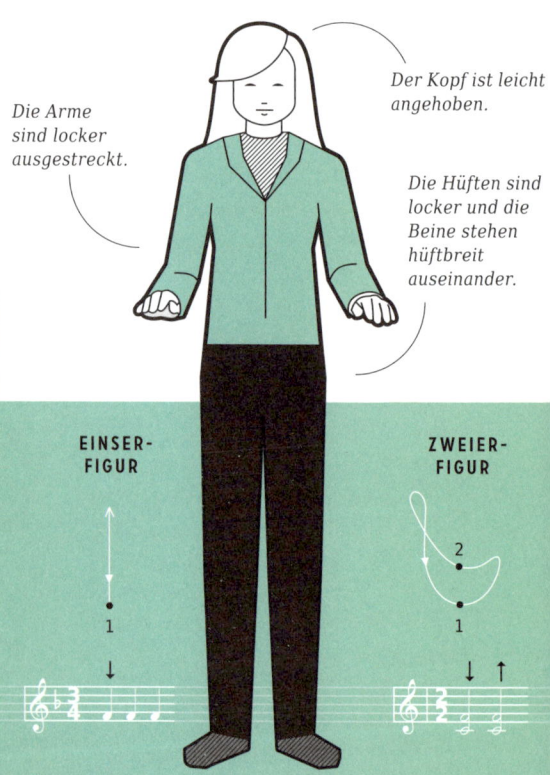

Die Arme sind locker ausgestreckt.

Der Kopf ist leicht angehoben.

Die Hüften sind locker und die Beine stehen hüftbreit auseinander.

SCHLAGFIGUREN

Spezielle Schlagfiguren, die in die Luft gezeichnet werden, geben den Takt vor. Ein Abwärtsschlag gibt in der Regel die erste betonte Taktzeit an. Aufwärtsschläge stehen für weniger betonte Taktzeiten.

EINSERFIGUR

ZWEIERFIGUR

DIRIGIER-POSITIONEN

Um anzuzeigen, dass leiser oder lauter gespielt werden soll, wird das Schlagbild verkleinert bzw. vergrößert.

PIANO

FORTE

HAB-ACHT-ZEICHEN

Mit einem Hab-Acht-Zeichen wird z. B. das Ende eines Satzes angekündigt. Dazu wird die linke Hand mit dem gestreckten Zeigefinger gehoben.

Die Schultern sind gesenkt.

Die rechte Hand hält die Fermate, bis mit beiden Händen abgewunken wird.

DREIER-FIGUR

3
1   2

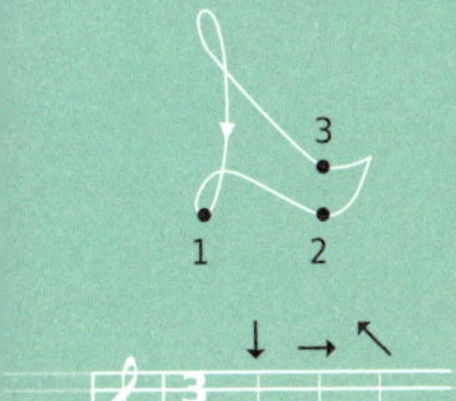

VIERER-FIGUR

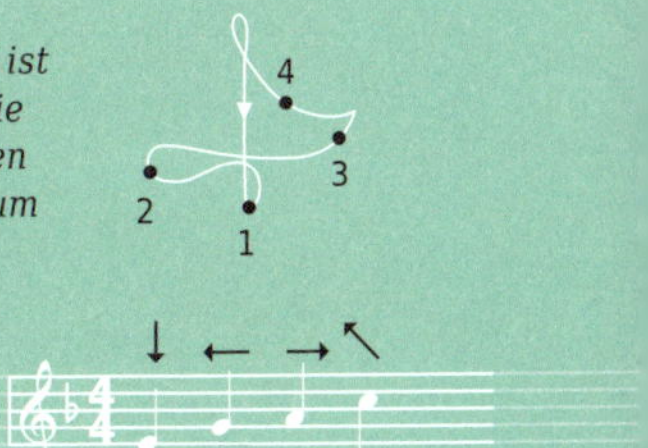

4
2   3
1

Der Stand ist fest und die Füße halten Kontakt zum Boden.

57

IM ERNSTFALL LEBENSRETTEND: UNTERWASSERZEICHEN

Achtung, Verwechslungsgefahr! »Daumen hoch!« bedeutet nicht etwa »alles o.k.!«, wie an Land, sondern »Auftauchen!«. Um zu signalisieren, dass alles in Ordnung ist, wird beim Tauchen ein O mit der Hand geformt.

Taucherinnen und Taucher erkunden die Unterwasserwelt für gewöhnlich im Team. Denn meist herrscht das Buddy-Prinzip: Zwei Tauchende unterstützen sich gegenseitig und können sich im Notfall zur Hilfe kommen. Um sich unter Wasser zu verständigen, nutzen sie größtenteils Handzeichen. Die wichtigsten Signale wie **»ALLES O.K.!«**, »Abtauchen« oder »Ich habe keinen Sauerstoff mehr« sind international genormt. Sie werden nahezu überall auf der Welt verstanden und sind fester Bestandteil der Tauchausbildung. Daneben existieren eine Vielzahl weiterer Zeichen, die je nach Tauchregion und Tauchschule voneinander abweichen können. Mit ihrer Hilfe lässt sich alles ausdrücken, was unter Wasser relevant ist: von Tauchbefehlen und Warnungen über Informationen zur Ausrüstung und zur körperlichen Verfassung bis hin zur Klassifizierung von Meereslebewesen. Zudem verfügen Tauchende je nach Einsatzart über ein unterschiedliches Zeichenrepertoire. So ist die Zeichensprache bei professionellen Taucheinsätzen in der Regel komplexer als beim Freizeittauchen.

Manche Zeichen sind unmittelbar verständlich. So bedeutet eine Faust mit nach unten gerichtetem Daumen ganz einfach »Abtauchen«. Bei anderen ist dagegen etwas Fantasie gefragt. Will ein Taucher etwa auf ein Seepferdchen aufmerksam machen, tut er so, als würde er auf einem Pferd reiten.

»Alles o.k.!«

»Auftauchen«

»Abtauchen«

Leinenführer

1 × ziehen
»Alles o.k.?«

2 × »Brauchst Du
mehr Leine?«

3 × »Keine Leine mehr«

4 × »Kommt zurück!«

Reicht das natürliche Licht nicht aus, etwa bei Nacht- oder Höhlentauchgängen, können mit einer Taucherlampe einfache Zeichen wie »Hilfe« oder »o.k.« auf den Meeresgrund gezeichnet werden. Für weiterführende Informationen leuchtet man die eigene Hand an, um sie sichtbar zu machen.

Schall kann im Wasser dagegen nur sehr begrenzt zur Kommunikation eingesetzt werden. Denn das menschliche Ohr nimmt Geräusche und Laute im Wasser zwar wahr, allerdings ist es nicht in der Lage, die Schallquelle zu orten. So können Klopfzeichen oder akustische Signalgeber andere Taucherinnen und Taucher alarmieren und diese zum Beispiel vor einer Gefahr warnen, sie geben aber keinen Aufschluss auf die Position des Absenders.

Taucher

1 × ziehen
»Alles o.k.!«

2 × »Ich brauche
mehr Leine!«

3 × »Leine straffen!«

4 × »Wir kommen
zurück!«

Bei speziellen Tauchgängen, etwa beim Eistauchen oder im Rettungseinsatz, müssen die Tauchenden auch mit ihrem Team an der Wasseroberfläche in Kontakt bleiben. In diesen Fällen kommt oft ein Seil zum Einsatz, das den Taucher im Wasser mit dem Leinenführer an Land verbindet. Die Verständigung erfolgt dann über spezielle **LEINENSIGNALE,** die vorher genau miteinander abgesprochen sind. So kann der Leinenführer über ein- oder mehrmaliges Ziehen an der Leine dem Taucher die Richtung weisen oder nachfragen, ob alles o.k. ist. Umgekehrt kann auch der Taucher auf diese Weise verschiedene Nachrichten an die Oberfläche vermitteln.

Die Bedeutung der Leinensignale kann variieren. Der Empfänger bestätigt das Signal, indem er es wiederholt.

TAUCHZEICHEN

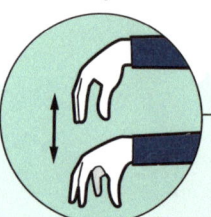

Eine wichtige Voraussetzung für die
Kommunikation mit Handzeichen ist
der Blickkontakt zwischen den Tauch-
partnern. In der Regel bestätigt der
eine Taucher dem anderen, dass er das
gesendete Zeichen verstanden hat.

WEITERE HANDZEICHEN

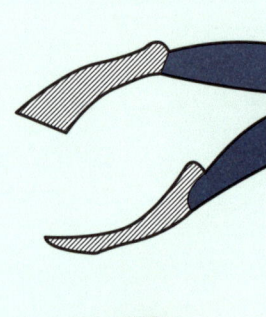

»Ich habe keinen
Sauerstoff mehr.«

»Mir ist kalt.«

»Hammerhai!«

»Mache ein Bild!«

LICHTZEICHEN IM DUNKELN

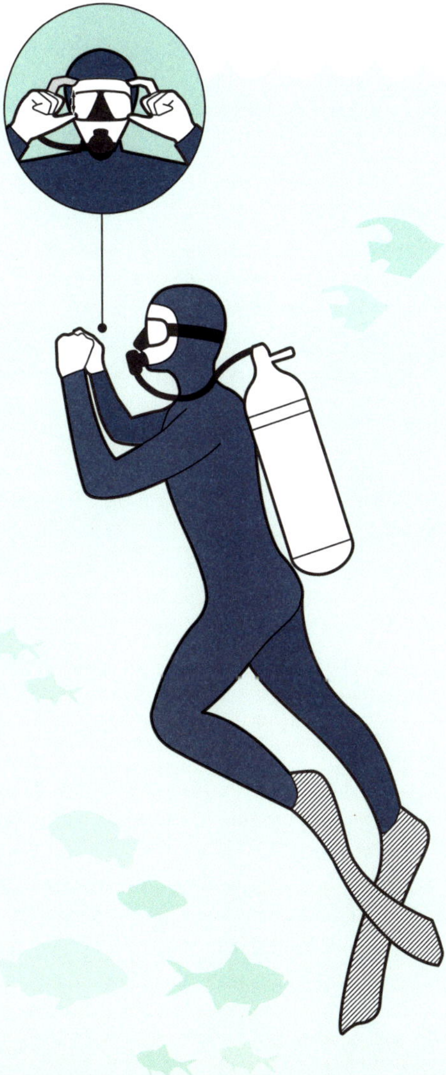

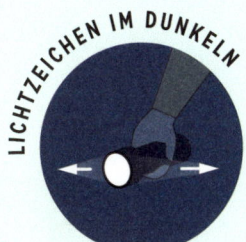

»Achtung!«

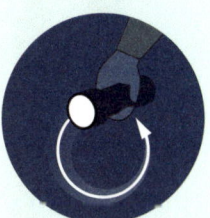

»Alles o.k.!«

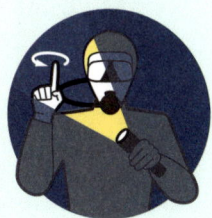

»Umkehren!«

EIN WINK UND ES LÄUFT: KÖRPER-GESTEN IM VERKEHR

»Siehst du des Schutzmanns Hosennaht, hast du immer freie Fahrt. Siehst du Brust oder Rücken, musst du auf die Bremse drücken.« So lautet ein in der Fahrschule beliebter Spruch, um sich die Zeichen von Verkehrspolizistinnen und -polizisten zu merken. Diese regeln den Verkehr mit wenigen, aber sehr effektiven Gesten. Mit Winkerkelle oder einem schwarz-weißen Verkehrsstab stehen sie gut sichtbar auf der Straßenkreuzung. Manchmal verleiht eine Trillerpfeife den optischen Zeichen zusätzlich Nachdruck. Damit der Verkehr nicht unnötigerweise ins Stocken gerät, müssen alle Verkehrsteilnehmenden diese Signale ohne langes Überlegen verstehen – auch wenn die winkenden Verkehrsposten, wie die verkehrslenkenden Polizistinnen und Polizisten offiziell heißen, nur noch in Ausnahmefällen den Verkehr regeln, z. B. nach einem Unfall, oder wenn die Ampelanlage auf einer großen Kreuzung ausfällt.

Lange Zeit gehörten die Verkehrsposten allerdings selbstverständlich zum Straßenbild einer Großstadt. Die weltweit erste elektrische Lichtsignalanlage wurde erst 1914 in den USA in Betrieb genommen. In den 1920er-Jahren kam die **AMPEL** dann auch nach Deutschland. 1924 wurde eine turmartige Ampelanlage auf dem Potsdamer Platz in Berlin errichtet, der damals zu den verkehrsreichsten Plätzen Europas gehörte. Ein Verkehrspolizist

Die **Ampel am Potsdamer Platz** war 3 Meter hoch. In der Kabine saß ein Polizist und steuerte per Hand die Ampellichter.

Hosennaht

steuerte die roten und grünen Lichtzeichen manuell per Schalter. Bis sich die Ampel flächendeckend durchsetzte, wurde der Verkehr allerdings weiterhin **»PER HAND«** geregelt. Bis in die 1990er-Jahre standen in einigen Städten Verkehrsposten auf Podesten und sorgten mit weißen Handschuhen und Mänteln, die ihnen den Spitznamen »weiße Mäuse« einbrachten, für Ordnung im Verkehr, pfiffen unachtsame Fahrradfahrer oder Fußgänger an und sorgten für Sicherheit auf den Straßen. Da die Verkehrsregelung inmitten von Autoabgasen und Motorlärm viel Konzentration erforderte, wurden die Verkehrsposten regelmäßig ausgetauscht.

Neben der Polizei nutzt auch die Feuerwehr Handzeichen, um auf der Straße zu kommunizieren, zum Beispiel um andere Verkehrsteilnehmende um eine Unfallstelle herumzuleiten. Und auch auf dem Flughafen sind Körpergesten wichtige Hilfsmittel, um den Flugverkehr auf dem Rollfeld zu regeln. Da hier Maschinen aus aller Welt landen und starten, sind die Zeichen der Flight-Line-Marshaller – auf Deutsch Einwinker – international einheitlich.

Die **Handzeichen**
eines Verkehrsposten

FLUGZEUGE LOTSEN

Auf dem Vorfeld eines Flughafens regeln die Flight-Line-Marshaller den Verkehr. Sie leiten die Flugzeuge vor dem Abflug zur Startbahn und zeigen ihnen nach der Landung ihren Parkplatz. Am Stellplatz signalisieren sie dem Piloten oder der Pilotin mit Kelle oder Leuchtstab die endgültige Position – und zwar auf den Zentimeter genau, damit es keine Probleme beim Andocken der Fluggastbrücke gibt, über die die Passagiere aussteigen. Der Pilot oder die Pilotin geben dem Marshaller ebenfalls Zeichen.

FERTIG ZUM ANLASSEN DER TRIEBWERKE

Die gestreckten Finger geben die Anzahl der anzulassenden Triebwerke an.

FLIGHT-LINE-MARSHALLER

PILOT/-IN

TRIEBWERKE ANLASSEN

Der rechte Arm zeigt kreisend nach oben. Der linke zeigt auf das anzulassende Triebwerk.

HALT

Die Arme werden wiederholt über Kopf gekreuzt.

BREMSEN ANGEZOGEN

Die Finger sind ausgestreckt und werden zur Faust geschlossen.

BREMSEN ANZIEHEN

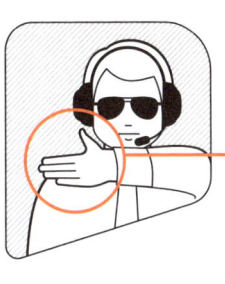

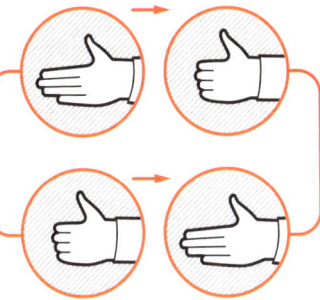

BREMSEN GELÖST

Die Hand ist zur Faust geschlossen und wird geöffnet.

BREMSEN LÖSEN

BREMSKLÖTZE VORLEGEN

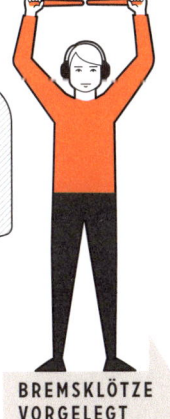

Die Handflächen werden nach außen vor dem Gesicht gekreuzt.

BREMSKLÖTZE VORGELEGT

BREMSKLÖTZE ENTFERNEN

Die Handflächen werden nach außen seitlich ausgestreckt.

BREMSKLÖTZE ENTFERNT

EINWURF, FOUL UND CO. – HANDZEICHEN IM SPORT

Punkt

Akzeptanz

Die Spielenden selbst melden mit einem »Call« einen Regelverstoß. Diese Rufe werden mit Gesten unterstrichen.

Widerspruch

Egal ob Fußball, Eishockey oder Basketball: Ein Großteil der Verständigung im Sport läuft über Gesten und Handzeichen. Denn für einen mündlichen Zuruf stehen die Akteurinnen und Akteuren häufig zu weit voneinander entfernt und die Geräuschkulisse der Fans gibt ihr Übriges dazu. Für die Schiedsrichterinnen und Schiedsrichter sind die Gesten genau festgelegt, da sie für alle Beteiligten unmissverständlich klar sein müssen. So gibt es im Fußball eindeutige Zeichen für Einwurf, Eckstoß oder Abseits. Im Eishockey zeigen Gesten Regelverstöße, Spielerwechsel oder eine Auszeit an und auch auf dem Tennis-Court verwendet man Handzeichen, etwa für die Punktewertung, das Anhalten der Spieluhr oder das Anzeigen von Fouls. Eine besondere Rolle spielen die Handzeichen beim **ULTIMATE-FRISBEE,** einer relativ neuen, aber stetig beliebter werdenden Sportart: Denn da es hier auch bei Europa- oder Weltmeisterschaften kein Schiedsgericht gibt, zeigen die Spielenden selbst mit Handzeichen an, ob es ein Foul, einen Schrittfehler oder einen Punkt gab.

Doch auch in anderen Sportarten gestikulieren die Sportlerinnen und Sportler gerne selbst. So beruhigt der Torwart mit einer mäßigenden Geste sein Team und eine Fußballspielerin signalisiert mit erhobenen Handflächen und überraschtem Blick, dass sie kein Foul begangen hat. Zudem werden taktische Informa-

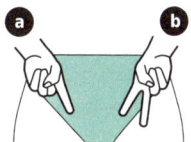 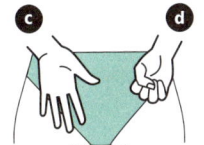 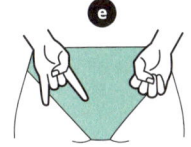

tionen ausgetauscht. Beim **BEACHVOLLEYBALL** beispielsweise geben sich die beiden Spielerinnen oder Spieler eines Teams hinter dem Rücken und somit unsichtbar für das gegnerische Team Fingerzeichen, um z. B. anzuzeigen, ob und wo der Ball geblockt wird.

In vielen Sportarten werden außerdem beim Training geheime Signale ausgemacht, deren Bedeutung für das Publikum und das gegnerische Team nicht so leicht zu durchschauen sind. Eine bestimmte Bewegung leitet dann beispielsweise einen einstudierten Spielzug ein. Zudem hält der Trainer oder die Trainerin mit den Gesten Kontakt zum Team und gibt ihm auf diese Weise taktische Anweisungen. Besonders kreativ wird beim Baseball gestikuliert: Kratzen, Bauch reiben, Ohrläppchen-Massage und Käppigerücke sind gängige Zeichen des Coaches, um seinem Team mitzuteilen, wie der nächste Ball zu schlagen ist oder geworfen werden soll. Auch die Spieler untereinander tauschen sich mit den unterschiedlichsten Zeichen aus: So signalisiert der Pitcher mit einem Ohrenziehen, einem Bohren in der Nase oder einem anderen Zeichen, ob er den Ball hoch, tief, weiter nach links oder nach rechts schlägt – Hauptsache, das gegnerische Team versteht nicht, was er damit meint.

Die gängigsten Zeichen beim Beach-Volleyball:

a Ein Finger gestreckt:
Der Zeigende blockt gerade geschlagene Angriffe außen am Netz, der zweite Spieler deckt die Diagonale ab.

b Zwei Finger gestreckt:
Der Zeigende blockt diagonal geschlagene Angriffe, der zweite verteidigt parallel zur Seitenlinie geschlagene Angriffe.

c Ganze Hand:
Der Blockspieler geht voll auf den Ball.

d Faust:
Der Spieler blockt nicht oder täuscht den Block nur an.

e Spreadblock:
Gestreckter kleiner und Zeigefinger: Der Blockspieler versucht, mit geöffneten Armen beide Angriffsrichtungen zu blockieren.

OFFIZIELLE BEIM EISHOCKEY

Beim Eishockey sorgen die Offiziellen für einen regelgerechten Ablauf des Spiels. Dazu gehören ein bis zwei Hauptschiedsrichter und zwei Linienrichter auf dem Eis, sowie die Off-Ice-Offiziellen. Der Hauptschiedsrichter verhängt Strafen, gibt Tore und sorgt für die Gesamtleitung. Um mit den Teams oder untereinander zu kommunizieren, verwenden die Offiziellen eine Vielzahl von Zeichen.

Hoher Stock

Hebt ein Spieler einen Teil seines Stocks über die Schulter und versetzt dem Gegner einen Schlag, verwendet der Offizielle dieses Zeichen. Je nach Schwere des Verstoßes fällt das Strafmaß unterschiedlich aus.

Übertriebene Härte

wird angezeigt, wenn ein Spieler einen anderen anrempelt oder schlägt.

Matchstrafe

Ein Spieler wird mit dieser Geste vom Rest des Spiels ausgeschlossen.

Zu viele Spieler auf dem Eis

Signalisiert, dass mehr als sechs Spieler eines Teams auf dem Eis sind.

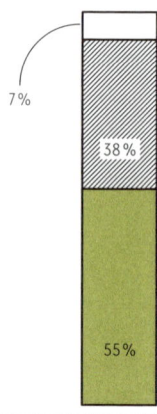

7 %

38 %

55 %

Wie wir auf andere
wirken, bestimmt
zu 7 % unsere **Sprache**,
zu 38 % unser **Tonfall**,
zu 55 % unsere **Körpersprache**.

AUSDRUCKSSTARK: DER KÖRPER SCHWEIGT NIE

»Ein Lächeln sagt mehr als tausend Worte.« Diese Beobachtung ist keine alte, chinesische Weisheit, sondern stammt angeblich von Paul Julius Reuter, dem Gründer der nach ihm benannten Nachrichtenagentur.

Der Gesamteindruck eines Menschen auf seine Umwelt beruht tatsächlich zu mehr als der Hälfte auf seiner **KÖRPERSPRACHE**. Zu dieser Erkenntnis ist die Kinesik gekommen, eine Wissenschaft, die untersucht, wie wir durch Gestik, Mimik und Körperhaltung emotionale Botschaften an unsere Mitmenschen senden. Mehr als eine Million bewusster und unbewusster Körpersignale sind mittlerweile dokumentiert.

Einen Großteil von ihnen vermitteln unsere Augen: Ein langer Blick bedeutet Zuneigung, ein kurzer signalisiert Gleichgültigkeit. Zusammengekniffene Augen stehen für Wut oder Konzentration. Große Augen mit geweiteten Pupillen drücken wiederum Freude aus.

Nach dem Gesichtsausdruck sind die Hände unser ausdrucksstärkstes Werkzeug. Wer sie reibt, fühlt sich sichtlich wohl. Die Hand aufs Herz gelegt bedeutet Ehrlichkeit.

Der ausgestreckte Zeigefinger wirkt in der Senkrechten belehrend, auf das Gegenüber gerichtet aggressiv. Der Handschlag ist dagegen eine friedenstiftende Geste.

Meist unterstützen solche Gesten das gesprochene Wort. Allerdings gestikuliert der Mensch auch im Dunkeln oder bei einem Telefongespräch. Das liegt wahrscheinlich daran, dass die Zentren für Sprache und **HANDBEWEGUNG** im selben Bereich des Gehirns angesiedelt sind.

Auch unsere urzeitlichen Vorfahren haben bereits, lange bevor sie die Sprache erlernten, mit Händen und Füßen kommuniziert. Der Ursprung unserer heutigen Körpersignale liegt daher oft in vererbten Droh- und Unterwerfungsgesten oder typischem Territorial- oder Balzverhalten. Einiges davon hat der Mensch im Laufe seiner evolutionären Entwicklung beibehalten, manche Gesten wurden mit der Zeit verfeinert und angepasst.

Heute gibt es in der Körpersprache z. B. kulturelle und geschlechtsspezifische Unterschiede. So werden den Europäerinnen und Europäer in Japan oft als aufdringlich empfunden, wenn sie die dort übliche Körperdistanz nicht einhalten und ihrem Gegenüber im Wortsinn zu nahe treten. Und während Männer sich breitbeinig aufstellen, um zu imponieren, werfen Frauen stattdessen die Haare. Trotz aller Unterschiede gibt es aber einen großen Pool an Gefühlen, die überall gleich ausgedrückt und verstanden werden. Angst, Glück, Trauer, Überraschung und Abscheu gehören zu dieser unbewussten Universalsprache.

In jeder Kultur ist Sprache auch »Handwerk«:

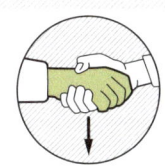

Beim Handschlag die Oberhand zu haben, signalisiert **Dominanz**.

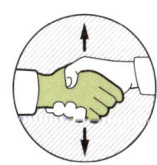

Zeigen die Handrücken zur Seite, handelt es sich um **gleichwertige Partner**.

Beim beidhändigen Schütteln will jemand die **Initiative ergreifen**.

KÖRPERSPRACHE

Bewusste Körpersprache kann in Seminaren und Workshops trainiert werden, um im Beruf oder in der Liebe erfolgreicher zu werden. Dem einstudierten Erfolg sind durch die Natur allerdings Grenzen gesetzt. Schon 1862 entdeckte der französische Physiologe Duchenne de Boulogne, dass ein ehrliches Lächeln auch die Augenmimik verändert. Die Augen lächeln also tatsächlich mit. Der Betrachter oder die Betrachterin spürt: Dieses Lächeln kommt von Herzen.

GESTEN – EINDEUTIG ZWEIDEUTIG

Die meisten unserer Gesten haben mehr als eine Bedeutung. Was wir mit unserer Körpersprache ausdrücken, muss im Kontext der jeweiligen Situation verstanden werden.

Die Hand vorm Mund wirkt verwirrt, nachdenklich oder distanziert.

Gehobene Hände stehen für Desinteresse, Resignation, Zweifel oder eine Frage.

Eine kerzengerade Sitzhaltung zeigt Aufmerksamkeit, Anspannung oder Unsicherheit.

KREISE DER DISTANZ

Wie nahe wir anderen Menschen stehen wollen, entscheiden wir
meist unbewusst. Trotzdem gibt es in jeder Kultur Konventionen,
welche Körperdistanz als angenehm empfunden wird.
Im Westen gilt:

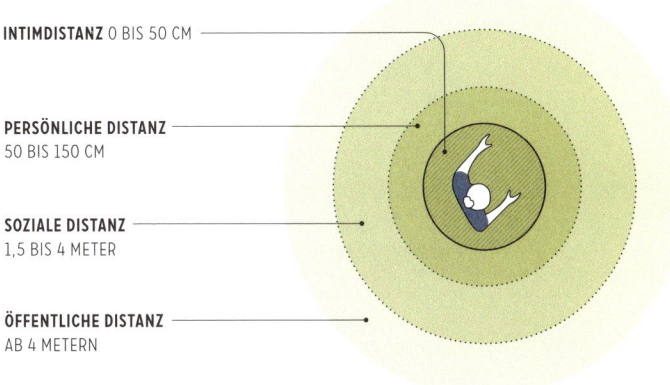

INTIMDISTANZ 0 BIS 50 CM

PERSÖNLICHE DISTANZ
50 BIS 150 CM

SOZIALE DISTANZ
1,5 BIS 4 METER

ÖFFENTLICHE DISTANZ
AB 4 METERN

Die wegwerfende
Handbewegung
signalisiert Ablehnung,
Unglaube oder das
Ende der Diskussion.

Verschränkte Arme
wirken abweisend,
abwartend oder unsicher;
eine typische
Verteidigungshaltung.

Die Hand am Ohr
suggeriert
Verlegenheit,
Nachdenken, aber auch
Flirtbereitschaft.

EINDEUTIG ZWEIDEUTIG: KÖRPERSPRACHE INTERNATIONAL

Bei manchen Gesten scheint jedes Missverständnis ausgeschlossen: So ist eine Faust mit nach oben gerecktem Daumen ein klares Zeichen der Anerkennung und des Bejahens – so deuten wir es jedenfalls. In Australien und Nigeria sieht man das anders: Hier ist die Daumen-hoch-Geste eine klare Aufforderung zu verschwinden. Im Iran oder auf Sardinien gilt die Handbewegung sogar als obszöne Beleidigung. Und wer in Indonesien auf die Frage, ob er ein Bier wolle, mit erhobenem Daumen antwortet, bekommt gleich sechs hingestellt.

Die Essstäbchen in sein Reisschälchen zu stecken, gilt in China als **böses Omen.**

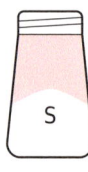

In England werden Salzstreuer nicht von Hand zu Hand weitergereicht, sondern müssen auf dem Esstisch zwischenlanden, weil sie sonst **Unglück** bringen.

ANDERE LÄNDER, ANDERE SITTEN – das gilt auch für nonverbale Kommunikation. Scheinbar selbstverständliche Gesten, Körperhaltungen oder Mimik-Veränderungen können in anderen Kulturkreisen ganz andere Bedeutungen haben. Manche dieser Stolpersteine führen zu peinlichen Situationen, andere sind eher belustigend und manche bleiben für immer rätselhaft.

Wer einer anderen Person mit übereinandergeschlagenen Beinen gegenübersitzt, wirkt im Westen entspannt. In arabischen Ländern wird diese Sitzhaltung jedoch als Beleidigung verstanden und hat schon einige Unterhaltungen vorzeitig beendet. Denn weil sie dem Gegenüber die Fußsohle zeigt, gilt sie als unrein.

Auch die Gesten für »Ja« oder »Nein« sind keineswegs einheitlich. Bedeutet ein Kopfschütteln für uns klare Ablehnung, signalisiert es in Bulgarien eindeutig Zustimmung. Im Nahen Osten wird es noch komplizierter: Dort **NICKT** man nach unten, um ein »Ja« zu signalisieren, und nach oben für ein »Nein«. Auch bei der Körperdistanz gibt es immer wieder Missverständnisse. In Südamerika berührt man sich im Gespräch ganz selbstverständlich bis zu 180 Mal in der Stunde – ein Verhalten, das man in Westeuropa als eher aufdringlich empfindet. Umgekehrt führt unsere körperliche Zurückhaltung dazu, dass Menschen südamerikanischer Abstammung häufig fürchten, sie seien uns unsympathisch. In unserer Kultur gilt es als aufmerksam, im Aufzug zur Seite zu treten, um einander Raum zu geben. In arabischen Ländern ist es dagegen unhöflich, körperliche Nähe zu vermeiden. Noch subtiler werden die Unterschiede beim Blickkontakt. Ein direkter Blick zum Gegenüber signalisiert bei uns Interesse. In Teilen Afrikas wird er als Flirtversuch verstanden. In Japan gilt es als rüde, weil man damit die Privatsphäre verletzt. In Asien spielt beim Ausdruck der Gefühle die Augenpartie eine große Rolle. Die Figuren der japanischen Manga-Comics haben immer riesige Augen – der guten Lesbarkeit wegen. In Europa liest man Gefühle dagegen eher vom Mund ab. Und so fühlen sich viele vor den Kopf gestoßen, wenn sie in Tibet ständig die Zunge herausgestreckt bekommen. Dabei ist das nur die übliche Art der Begrüßung.

Hätten Sie's gewusst?
Diese Gesten bedeuten eindeutig »Nein«.

Bulgarien

Naher Osten

MISSVERSTÄNDNISSE

Die Zeichensprache der Hände ist ein wunderbares
Verständigungsmittel, kann in fremden Kulturen
jedoch manchmal zu ungeahnten Reaktion führen.

O-ZEICHEN

In Teilen Europas und in Nordamerika eine
positive Geste, die Anerkennung bedeutet.
In Frankreich und Belgien allerdings wird sie
als »**Null**« oder »**wertlos**« verstanden.
In Japan signalisiert sie **Geld.**

POMMESGABEL

Das Erkennungszeichen
der Heavy-Metal-Fans,
bedeutet »**feiern/
abrocken**« und gilt auf
Konzerten als Zeichen
der Begeisterung.

In vielen südlichen
Ländern steht die
Geste allerdings für
die **Hörner des
Teufels** und in
Italien, Spanien und
Südfrankreich auch
für den **betrogenen
Ehemann.**

SHAKA

stammt ursprünglich von den Surfern auf Hawaii,
die es immer noch für »**Gute Welle**«, »**cool**«,
»**alles bestens**« benutzen. In Italien allerdings
heißt die Geste: »**wir telefonieren**«. In
Jordanien wird sie zum Anbandeln benutzt.

V-ZEICHEN

Weist die Handfläche nach außen, bedeutet es: **»Sieg«** und mittlerweile auch **»Hey«** oder **»cool«.** Die nach innen gewandte Handfläche dagegen signalisiert in England seit dem 15. Jahrhundert **»Du kannst mich mal«.**

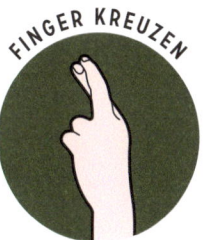

FINGER KREUZEN

ist mit der Handfläche nach innen im englischsprachigen Raum das Gegenstück zu unserem »Daumen halten« und bedeutet **»viel Glück«.** Ist die Handfläche diskret nach außen gekehrt, weist dies allerdings auf eine **Lüge** hin, die hoffentlich nicht auffliegt.

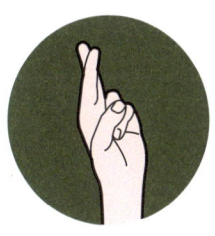

STIRN TIPPEN

Die »Vogel«-Geste erklärt bei uns jemanden zum **Dummkopf.** In Amerika weist man so allerdings auf seine eigene **Schlauheit** hin. Werden zwei Finger zum Tippen benutzt, ist das in der westlichen Welt ein cooler **Rapper-Gruß,** in Thailand jedoch eine eindeutig **zweideutige Einladung zum Abenteuer.**

LITERATURVERZEICHNIS

SEITE

06 – 09   Peter Wicke: Duden – Basiswissen Schule Musik Abitur. Berlin: Dudenverlag 2016 • Andreas Jaschinski: Notation. Kassel: Bärenreiter-Verlag 2001 • Guido Heidloff-Herzig: Die Musik der Renaissance (Kindle-Ausgabe) Darmstadt: wbg academic 2019

10 – 13   Alex Moore: Ballroom dancing: with 100 Diagrams of the Quickstep, Waltz, Foxtrot, Tango. London: A & C Black 2002 • Rudolf von Laban, Claude Perrottet: Kinetografie – Labanotation: Einführung in die Grundbegriffe der Bewegungs- und Tanzschrift. Wilhelmshaven: Noetzel 1995 • Claudia Jeschke: Tanzschriften, ihre Geschichte und Methode: Die illustrierte Darstellung eines Phänomens von den Anfängen bis zur Gegenwart. Bad Reichenhall: Comes-Verlag 1983 • http://dancewrite.com (18.07.2019) • https://www.royalacademyofdance.org/study/benesh-international/the-benesh-institute-and-benesh-movement-notation?searchterm= Benesh (18.07.2019)

14 – 17   Birgit Adam: Das Buch der Blindenschrift: Schriften – Praxis – Wörterbuch. Wiesbaden: Marixverlag 2017 • http://www.bskdl.org/download/mathematik/Mathematik%20Braillezeile%20 UBP%20mit%20Grafiken.pdf (18.07.2019)• https://www.cbm.de/behinderung-und-sprache/blindenschrift-braille/blindenschrift-uebersetzer (18.07.2019)

18 – 21   http://geb.uni-giessen.de/geb/volltexte/2017/13048/pdf/LU_11_Stertkamp.pdf (18.07.2019) • https://netzkultur.blog/2018/11/13/das-1x1-der-gamersprache (18.07.2019) • https://www.game.de/durchschnittsalter-der-gamer-in-deutschland-steigt-auf-ueber-36-jahre (18.07.2019)

22 – 25   Werner Günter, Bundesverband für Körper- und Mehrfachbehinderte e.V.: Handbuch der BLISS-Symbole. Blissymbolics Communication International / Dt. Bearb., Heidelberg: Groos 1995 • https://de.wikipedia.org/wiki/Koreanisches_Alphabet (18.07.2019) • https://www.youtube.com/watch?v=myx0cgiM1q0 (18.07.2019) • https://i.sidosi.org/resources/grammatik-der-sprache-solresol/grammatik-der-sprache-solresol.html (18.07.2019)

28 – 31   https://www.planet-wissen.de/kultur/architektur/muehlen/pwiefluegelsignalebeiwindmuehlen100.html (18.07.2019) • http://www.muehlenverein-selfkant.de/index.php?cat=Wissenswertes&file=Fluegelsignale_oder_Muehlensprache.pdf (18.07.2019) • http://wallhollaender.nobbenhuis.de/1.2_hist-muehlenspr.html (18.07.2019) • http://www.novaesium.de/artikel/wachtuerme.htm (18.07.2019) • http://www.weltwunder-online.de/antike/leuchtturm-pharos-alexandria.htm (18.07.2019)

32 – 35   Wegweiser für Bundesmarine, Flaggenalphabet, Handelsschiffahrt, Morsezeichen, National-flaggen, Reedereiflaggen, Seezeichen, Signal- und Lichterführung, Winkeralphabet / Hamburg: Ed. Maritim, 1995 • https://www.youtube.com/watch?v=_5yvIoNbBMA (18.07.2019) • https://www.flaggenlexikon.de/d-schiff.htm (18.07.2019) • https://www.bild.de/lifestyle/2018/peace-zeichen/wird-60-jahre-alt-54881154.bild.html (18.07.2019) • https://www.lernhelfer.de/schuelerlexikon/physik/artikel/telegrafie (18.07.2019)

36–39 https://www.leifiphysik.de/elektrizitaetslehre/elektromagnetismus/ausblick/morse-apparat (18.07.2019) • Geniale Entdeckungen und Erfindungen – Eine Zeitreise durch die Wissenschaft. München: Dorling Kindersley Verlag 2017 • https://www.susannealbers.de/06wissen-morse.html (18.07.2019) • http://hessenpark.fox11.de/radiogeschichte.html (18.07.2019)

40–43 http://www.lemondesiffle.free.fr/media/academia_gartner_streiter.pdf (18.07.2019) • https://www.thm.de/lse/images/user/UKirschbaum-94/Exkursionsbericht-La-Gomera-2010.pdf (18.07.2019) • Baedeker: Gomera. Ostfildern: Verlag Karl Baedeker 2014

44–47 Günther Massenkeil: Metzler Sachlexikon Musik. Stuttgart: Metzler 1998 • https://www.uva.nl/en/content/news/press-releases/2018/04/rhythm-crucial-in-drummed-speech.html?1557718564977 (18.07.2019) • http://adubipublishing.com/book-one/dundun.html (18.07.2019) • http://www.kultofathena.com/product.asp?item=AH3870&name=Roman+Cornu+Horn (18.07.2019)

50–53 Stefan Strixner, Serona Wolf: Kleines Wörterbuch der Gebärdensprache. Wiesbaden: Matrix 2016 • Hand in Hand die Welt begreifen: ein Bildwörterbuch der Gebärdensprache (nach einer Idee von Sigrun Nygaard Moriggi), Leipzig: Klett Kinderbuch 2010 • https://signdict.org (18.07.2019)

54–57 Barbara Rucha: Crashkurs Dirigieren: Schlagtechnik, Repertoire, Probenarbeit, Führungspersönlichkeit. Mainz: Schott Music 2016

58–61 https://www.taucher.de/tauchzeichen (18.07.2019) • ok2dive UG (iOS-App): Tauchzeichen, Version 3.0, aktualisiert am 04.04.2017, www.ok2dive.de (18.07.2019) • Dave van Stijn, Mike Harterink: Unterwasserzeichen: Handbuch der Tauchersprache. Bielefeld: Delius Klasing 2011.

62–65 https://eur-lex.europa.eu/legal-content/DE/TXT/HTML/?uri=CELEX:02012R0923-20171012&from=EN(10.07.2019) • http://sky-doc.de/Download/LuftVO.pdf (18.07.2019) • https://www.frag-den-fahrlehrer.de/2016/06/04/vorfahrtsregelung-durch-einen-polizisten (18.07.2019)

66–69 http://www.frisbeesportverband.de/index.php/verband/ultimate/regelkomitee/ultimate-handzeichen (18.07.2019) • https://www.beach-volleyball.de/dein-sport/tipps-fuer-einsteiger/handzeichen.html (18.07.2019) • https://www.haie.de/fans/regelkunde (18.07.2019)

70–73 Renate Ibelgaufts: Körpersprache: Wahrnehmen, deuten und anwenden. Augsburg: Augustus Verlag 1997 • Monika Matschnig: Körpersprache: Gestik, Mimik, Haltung: Sicher auftreten und Menschen gewinnen. München: Gräfe und Unzer Verlag 2016 • http://www.indiabix.com/body-language/popular-gestures-and-actions (18.07.2019)

74–77 https://www.fairunterwegs.org/news-medien/news/detail/kommunikationsfallen-in-der-fremde (18.07.2019) • https://www.welt.de/reise/article118369800/Das-sind-die-wichtigsten-Handzeichen-weltweit.html (18.07.2019)

© Duden 2019   D C B A
Bibliographisches Institut GmbH, Mecklenburgische Straße 53, 14197 Berlin

Redaktionelle Leitung Andrea Weller-Essers, Dr. Kathrin Kunkel-Razum
Text Andrea Weller-Essers
Gestaltung Infographics Group GmbH, Katharina Schwochow, Katja Günther
Gesetzt in den Schriften Carrosserie, DejaVu, VCR OSD Mono, Dosis und Strangelove (Umschlag)

Herstellung Maike Häßler
Umschlaggestaltung Infographics Group GmbH, Berlin
Druck und Bindung CPI books GmbH
Birkstraße 10, 25917 Leck
Printed in Germany

ISBN 978-3-411-75400-7   www.duden.de